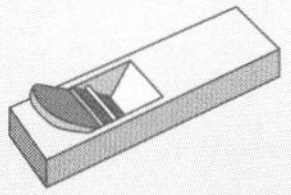

スピード攻略！

1級 建築施工管理技術検定 集中レッスン

コンデックス情報研究所　編著

成美堂出版

本書の使い方

本書は、新しい施工管理技術検定に対応した１級建築施工管理技術検定の攻略本です。第１部の「ゴロ合わせ編」では、重要事項をゴロ合わせで覚えながら、図表にまとめた頻出事項を効率よく学習できます。付属の赤シートを使えば、穴埋め問題としても活用できます。

第２部の「過去問編」では、第一次検定のひっかけ問題や、第二次検定の穴埋め・択一問題を、実戦形式で学習できます。

◆一次・二次マーク
第一次検定で出題されるものと第二次検定でも出題されるものが一目でわかる！

◆ゴロ合わせ
イラスト入りのゴロ合わせで、楽しみながら重要事項が暗記できる！

◆豊富な図表
豊富な図表で、要点を効率的に学習できる！

第❶部 ゴロ合わせ編
第❶章 建築学

一次 二次

Lesson 15 防水材料・シーリング材

モジュラス

引っ張ったゴムを
（ゴム状弾性）
元に戻らす
（モジュラス）

ゴム状弾性を有する材料に一定の伸びを与えたときに、元に戻ろうとする力（引張応力）をモジュラスという。

■アスファルト防水材料

防水工事用アスファルト	• フラースぜい化点温度が低いものほど、低温特性のよいアスファルトである。
アスファルトルーフィング	• アスファルトルーフィング 1500 の数値 1500 は、製品の単位質量が 1,500 g/m² 以上であることを表している。 注意 • アスファルト含浸量ではない！
ストレッチルーフィング	• ストレッチルーフィング 1000 の数値 1000 は、製品の抗張積（引張強さと最大荷重時の伸び率との積）を表している。
アスファルトプライマー	• 有機溶剤タイプは、ブローンアスファルトなどを揮発《きはつ》性溶剤に溶解したものである。
改質アスファルトシート	• 温度特性による区分でⅠ類とⅡ類があり、Ⅱ類のほうが低温時の耐折り曲げ性がよい。

38

ヒービング

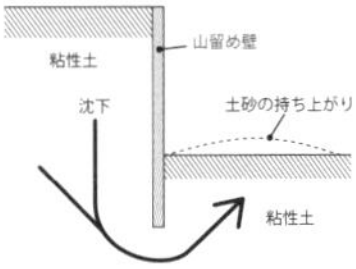

ボイリング

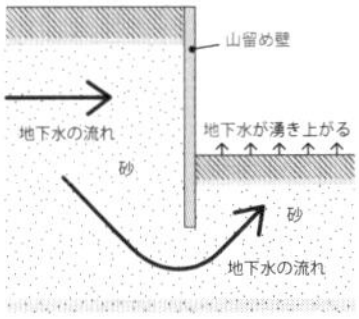

盤ぶくれ

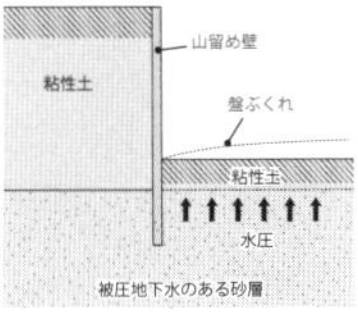

■ヒービングの発生防止対策

- 剛性の高い山留め壁の根入《ねい》れを深くする。

■ボイリング・盤ぶくれの発生防止対策

- ディープウェルやウェルポイ　　などにより、地下水位を低下させる。
- 止水性の高い山留め壁の根入れを深くする。

■地下水処理工法

釜場《かまば》工法	• 根切り部への浸透水や雨水を根切り底面に設けた　め、ポンプで　　する工法。
ディープウェル工法	• 砂層や砂礫層等、透水性のよい地盤の地下水位を低下させる場合に用いられる。
ウェルポイント工法	• 透水性の高い粗砂層から低い　ルト質細砂層程度の地盤に用いられる。
止水工法	• 山留め壁や薬液注入などにより、掘削場内への地下水の流入を遮断する工法。
リチャージ工法	• 排水に伴う周辺の井戸枯れの防止に有効であるが、水質が問題になることがある。

プラスα 根切り工事

- 手掘りにより砂からなる地山を掘削する場合は、掘削面の勾配を 35 度以下、または掘削面の高さを 5 m 未満とする。

57

◆赤シート
付属の赤シートを使えば、穴埋め問題としても活用できる！

◆プラスα
これも大事！な追加の知識も、ここで確認できる！

第 2 部「過去問編」では、「こんなひっかけ問題に注意！」「第二次検定攻略ポイント！」で、過去問にチャレンジしながら頻出事項を確認できます。

＊本書は原則として、2023 年 12 月 1 日現在の情報に基づいて編集しています。以降の各試験の法令基準日（1 月 1 日〈例年〉）までの法令改正等については、本書最終ページに記載してある本書専用ブログアドレスから閲覧してください。

スピード攻略！
1級建築施工管理技術検定 集中レッスン

CONTENTS

本書の使い方……………………………………………… 2
1級建築施工管理技術検定 試験ガイダンス…………… 8

第1部 ゴロ合わせ編

第1章 建築学（試験科目：建築学等）

Lesson 01 換気 ……………………………… 10
Lesson 02 日照・日射、伝熱 ……………… 12
Lesson 03 採光・照明、色 ………………… 14
Lesson 04 音 ………………………………… 16
Lesson 05 木質構造、免震構造 …………… 18
Lesson 06 鉄筋コンクリート構造 ………… 20
Lesson 07 鉄骨構造 ………………………… 22
Lesson 08 基礎構造 ………………………… 24
Lesson 09 荷重・外力 ……………………… 26
Lesson 10 3ヒンジラーメン架構等 ……… 28
Lesson 11 セメント・コンクリート ……… 30
Lesson 12 鋼材・金属材料 ………………… 32
Lesson 13 石材・ガラス・タイル ………… 34
Lesson 14 左官材料・塗料 ………………… 36
Lesson 15 防水材料・シーリング材 ……… 38
Lesson 16 屋根材・ドアセット・サッシ … 40
Lesson 17 内装材料 ………………………… 42

第 2 章　建築基礎（試験科目：建築学等）

Lesson 01　構内舗装・測量・植栽 ……… 44
Lesson 02　電気設備・避雷設備 ……… 46
Lesson 03　空気調和設備・消火設備・昇降設備 ……… 48
Lesson 04　給排水設備 ……… 50
Lesson 05　請負契約・数量積算 ……… 52

第 3 章　躯体施工（試験科目：建築学等）

Lesson 01　乗入れ構台、地盤調査・土質試験 ……… 54
Lesson 02　土工事、地下水処理 ……… 56
Lesson 03　山留め工事 ……… 58
Lesson 04　杭地業 ……… 60
Lesson 05　鉄筋の継手・定着 ……… 62
Lesson 06　鉄筋の加工・組立て ……… 64
Lesson 07　鉄筋のガス圧接 ……… 66
Lesson 08　型枠支保工 ……… 68
Lesson 09　コンクリートの調合 ……… 70
Lesson 10　コンクリートの運搬・打込み・締固め ……… 72
Lesson 11　コンクリートの養生 ……… 74
Lesson 12　鉄骨の加工・高力ボルト接合 ……… 76
Lesson 13　鉄骨の溶接接合 ……… 78
Lesson 14　鉄骨の建方 ……… 80
Lesson 15　木工事、耐震改修工事 ……… 82
Lesson 16　建設機械 ……… 84

第 4 章　仕上施工（試験科目：建築学等）

Lesson 01　防水工事（1） ……… 86
Lesson 02　防水工事（2） ……… 88
Lesson 03　シーリング工事 ……… 90
Lesson 04　石工事、タイル工事 ……… 92
Lesson 05　屋根工事 ……… 94
Lesson 06　軽量鉄骨工事 ……… 96

Lesson 07　左官工事 …… 98
Lesson 08　建具工事 …… 100
Lesson 09　塗装工事 …… 102
Lesson 10　内装工事（1） …… 104
Lesson 11　内装工事（2） …… 106
Lesson 12　断熱工事、屋根防水改修工事 …… 108
Lesson 13　改修工事 …… 110
Lesson 14　ALC パネル・押出成形セメント板工事 …… 112

第 5 章　施工管理法（試験科目：施工管理法）

Lesson 01　事前調査、届出 …… 114
Lesson 02　仮設計画 …… 116
Lesson 03　躯体工事の施工計画 …… 118
Lesson 04　仕上工事の施工計画 …… 120
Lesson 05　改修・解体工事の施工計画 …… 122
Lesson 06　材料の保管・取扱い …… 124
Lesson 07　建設工事の記録、労働基準監督署長への届出 …… 126
Lesson 08　原価管理、タクト手法 …… 128
Lesson 09　工程計画・工程管理 …… 130
Lesson 10　ネットワーク工程表 …… 132
Lesson 11　品質管理（1） …… 134
Lesson 12　品質管理（2） …… 136
Lesson 13　品質管理（3） …… 138
Lesson 14　品質管理における検査（1） …… 140
Lesson 15　品質管理における検査（2） …… 142
Lesson 16　品質管理における検査（3） …… 144
Lesson 17　労働災害・公衆災害防止対策 …… 146
Lesson 18　作業主任者 …… 148
Lesson 19　足場の安全管理 …… 150
Lesson 20　安全管理上の事業者の責務（1） …… 152
Lesson 21　安全管理上の事業者の責務（2） …… 154
Lesson 22　安全管理上の事業者の責務（3） …… 156

第６章　法規（試験科目：法規）

Lesson 01　建築基準法（1）…… 158
Lesson 02　建築基準法（2）…… 160
Lesson 03　建築基準法（3）…… 162
Lesson 04　建築基準法（4）…… 164
Lesson 05　建設業法（1）…… 166
Lesson 06　建設業法（2）…… 168
Lesson 07　建設業法（3）…… 170
Lesson 08　労働基準法 …… 172
Lesson 09　労働安全衛生法（1）…… 174
Lesson 10　労働安全衛生法（2）…… 176
Lesson 11　その他の法規（1）…… 178
Lesson 12　その他の法規（2）…… 180
Lesson 13　その他の法規（3）…… 182

覚えておきたい数値…… 184

第２部　過去問編

建築学　こんなひっかけ問題に注意！ …… 186
施工管理法　こんなひっかけ問題に注意！ …… 200
法規　こんなひっかけ問題に注意！ …… 214
躯体工事　第二次検定攻略ポイント！ …… 221
仕上工事　第二次検定攻略ポイント！ …… 224
法規　第二次検定攻略ポイント！ …… 228

さくいん…… 235

1 級建築施工管理技術検定
試験ガイダンス

試験に関する情報は変わることがありますので、受検する場合は試験実施団体の発表する最新情報を、必ずご自身でご確認ください。

■試験日　第一次検定：7 月（例年）
第二次検定：10 月（例年）

■合格発表日　第一次検定：8 月（例年）
第二次検定：翌年 1 月（例年）

■合格基準　第一次検定：全体　得点が 60%
：施工管理法（応用能力）　得点が 60%
第二次検定：得点が 60%

■試験の内容

第一次検定

建築学等	知識	四肢択一
施工管理法	知識	四肢択一
	能力	五肢択二
法規	知識	四肢択一

第二次検定

施工管理法	知識	五肢択一 （マークシート方式）
	能力	記述

※ 受検資格等、詳細については、試験実施団体が発表する「受検の手引」でご確認ください。

■試験に関する問合せ先

一般財団法人　建設業振興基金　試験研修本部
TEL　03-5473-1581
（電話による問合せ時間　平日 9:00 ～ 12:00、13:00 ～ 17:30）
HP アドレス　https://www.fcip-shiken.jp/

スピード攻略！
1級建築施工管理技術検定　集中レッスン

第1部
ゴロ合わせ編

出題数と解答方法

- 第1章の**建築学**は、15問題のうちから12問題を選択し、解答します。確実に得点できる項目を増やしましょう。
- 第2章の**建築基礎**は、5問題の全問題を解答します。しっかり覚えましょう。
- 第3章の**躯体施工**は、10問題のうちから7問題を選択し、解答します。繰り返し出題される問題が多いので、確実な得点源になります。
- 第4章の**仕上施工**は、9問題のうちから7問題を選択し、解答します。ほぼ隔年で出題されるテーマが変わるので、受検する年にはどのテーマが出題されそうか、過去問で確かめましょう。
- 第5章の**施工管理法**は、21問題の全問題を解答します。そのうちの6問題は、応用能力問題で、五肢択二問題ですが、内容的には本章をしっかり覚えておけばだいじょうぶです。
- 第6章の**法規**は、12問題のうちから8問題を選択し、解答します。建築基準法から労働安全衛生法までは毎年出題されますが、その他の法規は、廃棄物処理法・宅地造成及び特定盛土等規制法・振動規制法の組合せと、建設リサイクル法・騒音規制法・道路交通法の組合せが隔年で出題される場合が多くなっています。

一次

Lesson 01 換気

自然換気方式

温度差が大きいほど
（温度差が大きい）
歓喜もひとしお
（換気量が多い）

室内外の空気の温度差による自然換気では、温度差が大きくなるほど換気量は多くなる。

■室内環境基準

浮遊粉塵の量	0.15 mg/m^3 以下
一酸化炭素の含有量	6 ppm 以下
二酸化炭素の含有量	1,000 ppm 以下
温　度	17 ℃以上 28 ℃以下
相対湿度	40 %以上 70 %以下
気　流	0.5 m/s 以下
ホルムアルデヒドの量	0.1 mg/m^3 以下

■必要換気量

$$\text{在室者の呼吸による必要換気量} = \frac{\text{室内の二酸化炭素発生量}}{\text{室内の二酸化炭素許容濃度} - \text{外気の二酸化炭素濃度}}$$

- 成人 1 人当たりの必要換気量＝ 30 m^3/h 程度

■必要換気回数

$$換気回数 = \frac{1時間当たりの換気量}{室容積}$$

- 換気量が一定の場合、室容積が大きいほど換気回数は少なくなる。

■自然換気の換気量

風圧力による場合	• 開口部面積と風速に比例する。 • 他の条件が同じであれば、風上側と風下側の風圧係数の差の平方根に比例する。
温度差による場合	• 開口部の面積に比例し、内外の温度差、上下の開口部の垂直距離の平方根に比例する。 • 他の条件が同じであれば、流入口と流出口との高低差が大きいほど大きくなる。

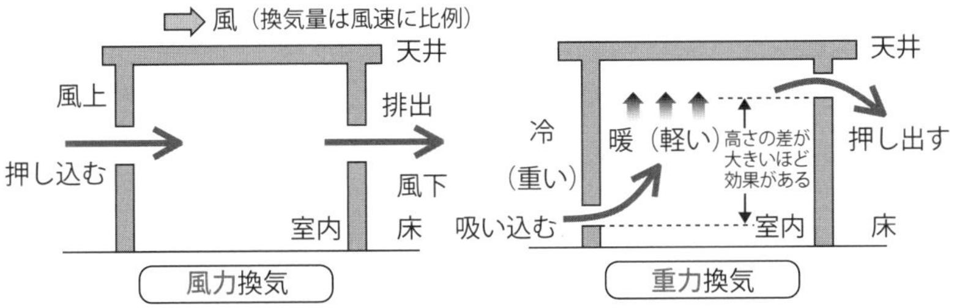

屋外の風圧力を利用する方法　　室内外の温度差を利用する方法

■給気口・排気口

- 給気口から排気口に至る換気経路を長くするほうが、室内の換気効率はよくなる。 注意 • 短くではない！
- 自然換気設備の給気口は、調理室等を除き、居室の天井の高さの $\frac{1}{2}$ 以下の高さに設置する。

プラスα　中性帯

- 温度差による自然換気において、室内外の圧力差が 0 となる垂直方向の位置を中性帯といい、この部分に開口部を設けても換気はほとんど起こらない。

一次

Lesson 02 日照・日射、伝熱

隣棟間隔

高い井戸には
（高緯度）
大きな五輪の塔を
（隣棟間隔を大きく）

同じ日照時間を確保するためには、緯度が高くなるほど南北の隣棟《りんとう》間隔を大きくとる必要がある。

■日照・日射に関する用語

日照	•太陽からの放射により、直接地表に届くエネルギー。
可照時間	•晴れた日の日の出から日没までの時間に日照があるべき時間。
日照時間	•実際に日照があった時間。
日照率	• $\frac{日照時間}{可照時間} \times 100$（%）
永久日影	•夏至に終日日影となる部分。1年を通して太陽の直射がない。
日射量	•単位面積が単位時間に受ける熱量。
直達日射量	•大気層を通り抜けて直接地表に達する日射量。
天空日射量	•大気層で乱反射されて地上に達する日射量。
全天日射量	•直達日射量と天空日射量の合計。

■壁面の方位と可照時間

- 北緯 35 度における南面の垂直壁面の可照時間は、春分より夏至《げし》の方が短い。

南面の垂直壁面の可照時間	夏至　＜　冬至　＜　春・秋分

■日照計画

- 同じ日照時間を確保するためには、緯度が高くなるほど南北の隣棟《りんとう》間隔を大きくとる必要がある。
- 建物の高さが同じである場合、東西に幅が広い建物ほど日影の影響の範囲が大きくなる。

■日射量（北緯 35 度付近）

- 水平面の終日直達日射量は、夏至の頃が最も大きい。
- 南向き鉛直面の終日直達日射量は、冬期に多く、夏期に少なくなる。
- 冬至《とうじ》における南向き鉛直面の終日直達日射量は、水平面の直達日射量より大きい。
- 終日快晴の春分における終日直達日射量は、東向き鉛直面よりも南向き鉛直面のほうが大きい。
- 東向き鉛直面と西向き鉛直面の終日直達日射量は、季節にかかわらず同じである。

■伝熱に関する用語

熱損失係数	• 建物の断熱性能評価の指標であり、この値が小さいほど断熱性能が高い。
熱放射	• 電磁波による熱移動現象であり、真空中であっても放射による熱移動は生じる。
総合熱伝達率	• 対流熱伝達率＋放射熱伝達率
壁体の熱貫流抵抗	• 熱伝達抵抗＋熱伝導抵抗

プラスα　伝熱の性質

- 壁体の中空層（空気層）の熱抵抗は、中空層の厚さが 20 ～ 30 mm を超えると、厚さに関係なくほぼ一定となる。
- 壁体内の中空層の片面にアルミ箔を貼り付けると、壁体全体の熱抵抗は大きくなる。

一次

Lesson 03 採光・照明、色

無彩色

あいつ　いつも

色味のない服ばかりで
（色味のない）

冥土なみにむさいよ
（明度）　（無彩色）

無彩色とは、色味のない、明度だけをもつ色である。

■採光・照明に関する用語

照度	• 受照面の単位面積当たりの入射光束をいい、単位は lx（ルクス）である。
光束	• 単位時間当たりの発散・透過・入射する光のエネルギー量をいう。
光度	• 点光源からある方向への光の強さを示す量をいう。
輝度	• 反射面を有する受照面の光の面積密度をいう。
演色性	• 照明光による物体色の見え方についての光源の性質をいう。
グレア	• 高輝度な部分、極端な輝度対比や輝度分布などによって感じられるまぶしさをいう。
全天空照度	• 天空光が遮蔽されることのない状況で、直射日光を除いた全天空による、ある点の水平面照度をいう。
昼光率	• 全天空照度に対する室内のある点の天空光による照度の比をいう。

■昼光率

直接昼光率	• 窓を光源とする直接照度による成分。
間接昼光率	• 室内の相互反射照度による成分。

■採光上の留意点

- 昼光による室内の採光では、一般に天空光を活用することを考える。
  ※天空光…太陽の光が空中に拡散したもの。
- 形状と面積が同じ側窓は、その位置を高くするほど、昼光による室内の照度分布の均斉度は高くなる。

  $$※均斉度 = \frac{最低照度}{最高照度}$$

■マンセル表色系

- マンセル色相環の相対する位置にある色相は、互いに補色の関係にある。
- 明度は、理想的な白を 10、理想的な黒を 0 とし、この間を等間隔で分割している。
- 彩度は、色の鮮やかさの程度を表し、マンセル色立体では、無彩色軸からの距離で示す。
- マンセル記号で表示された「5RP3/8」のうち、数値「3」は明度、数値「8」は彩度を表す。

■色の種類と分類

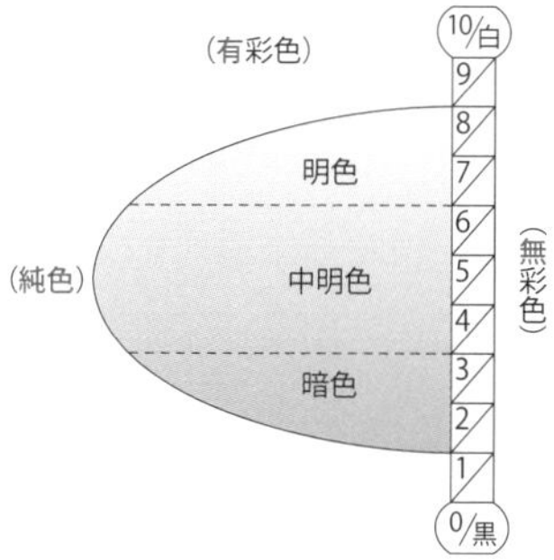

プラスα　設計用全天空照度

- 快晴の青空のときは、薄曇りの日よりも小さな値となる。

一次

Lesson 04 音

回折現象

低い声ほど
（低周波数）
壁裏でもよく聞き取れる
（障害物の背後に回り込みやすい）

回折《かいせつ》現象は、波長の長い、低周波数の音のほうが生じやすい。

■音に関する用語

固体音	• 建物の床・梁《はり》・壁などを伝わる振動が最後に空気中に放射される音。
残響時間	• 音源が停止してから音圧レベルが 60 dB 減衰するのに要する時間。 • 室の容積が大きいほど長くなり、室内の平均吸音率が大きいほど短くなる。
回折	• 音波が障害物の背後に回り込む現象。 • 障害物がその波長より小さいと起こりやすい。 • 高い周波数よりも低い周波数の音のほうが回折しやすい。
コインシデンス効果	• 入射音波と板材の共振により、遮音性能が低下する現象。
フラッターエコー	• 向かい合った平行な壁などで音が多重反射する現象。 • 室内の向かい合う平行な壁の吸音率が低いと発生しやすい。

マスキング効果	• ある音が別の音によって聞き取りにくくなる現象。 • 両者の周波数が近いほどその影響が大きい。
ラウドネス	• 人が知覚する主観的な音の大小。 • 音圧レベルが一定の場合、100 Hz の音よりも 1,000 Hz の音の方が大きく感じる。

■音の強さ・高さ

- 無指向性の点音源からの音の強さは、音源からの距離の 2 乗に反比例する。
- 1 つの点音源からの距離が 2 倍になると、音圧レベルは 6 dB 低下する。
- 人間が聞き取れる音の周波数は、一般的に 20 Hz ～ 20 kHz といわれている。

■吸音

吸音率

$$\text{吸音率} = \frac{\text{反射されなかった音のエネルギー}}{\text{入射する音のエネルギー}} \times 100\ (\%)$$

吸音力

吸音力＝吸音率×壁面の面積

- 吸音率は、壁などの境界面に入射する音のエネルギーに対する反射されなかった音のエネルギーの比で表される。
- 剛壁と多孔質材料との間に空気層を設けると、低音域の吸音率は上昇する。
- グラスウールなど多孔質の吸音材は、一般に低音域に比べて高音域の吸音率が大きい。
- グラスウールなどの多孔質材料は、厚さが増すと高音域に比べて中低音域の吸音率が増大する。
- 共鳴により吸音する穿孔板は、背後に多孔質材料を挿入すると全周波数帯域の吸音率が増大する。
- 合板などの板状材料は、共振周波数に近い低音域の音をよく吸収する。

プラスα　透過損失

- 単層壁の透過損失は、一般に壁の面密度が大きいほど大きくなる。
- コンクリート間仕切壁の音の透過損失は、一般に低音域より高音域の方が大きい。

一次

Lesson 05 木質構造、免震構造

枠組壁

タテヨコ同時に
(鉛直力・水平力・同時)
ワッくん　グミ食べた？
(枠組壁)

枠組壁《わくぐみかべ》は、鉛直力と水平力を同時に
負担することができる。

■合板・集成材

合板	• 薄板の 3 枚以上の奇数枚を張り合わせたもの。
集成材	• ひき板または小角材を、繊維方向がほぼ同じ方向になるように集成接着したもの。
単板積層材	• 単板を繊維方向が同じ方向になるように積層接着したもの。
直交集成板	• ひき板または小角材を幅方向に並べたものを、その繊維方向が直交するように積層接着したもの。
フローリングボード	• 1 枚のひき板を基材とした単層フローリング。
フローリングブロック	• ひき板を 2 枚以上並べて接合したものを基材とした単層フローリング。
パーティクルボード	• 木材などの小片を主原料とし、接着剤を用いて熱圧成形したもの。
繊維板	• 木材その他の植物繊維を主原料とし、それらを繊維化してから熱圧成形したもの。

木質系セメント板	• 木毛・木片などの木質原料とセメントを用いて圧縮成形したもの。

■木質構造に関する用語

燃えしろ設計	• 木質材料の断面から所定の燃えしろ寸法を除いた断面に長期荷重により生じる応力度が、短期の許容応力度を超えないことを検証するもの。
枠組壁工法	• 木材を使用した枠組に構造用合板その他これに類するものを打ち付けることにより、壁及び床を設ける工法。 • 枠組壁は水平力と鉛直力を同時に負担することができる。

■木質構造の構造強度

- 構造耐力上主要な部分である柱を基礎に緊結した場合、当該柱の下部に土台を設けなくてもよい。
- 2 階建の建築物における隅柱は、接合部を通し柱と同等以上の耐力を有するように補強した場合、通し柱としなくてもよい。

■免震装置

アイソレータ	• 上部構造の重量を支持しつつ水平変形に追従し、適切な復元力を持つ。
ダンパー	• 上部構造の水平方向の変位を抑制する役割を持つ。 注意 • 垂直方向ではない！

■免震構造

- 免震構造とした建物は、免震構造としない場合に比べて、固有周期が長くなる。
- 水平方向の応答加速度を大きく低減することができるが、上下方向の応答加速度を低減する効果は期待できない。
- 地震時に免震層の変形に対して設備配管等が追従できるようにする必要がある。
- 強固な地盤では、軟弱な地盤に比べ大地震時の地盤の周期が短くなるため、応答加速度を低減する効果が大きくなる。
- 免震部材の配置を調整し、上部構造の重心と免震層の剛心を合わせることで、ねじれ応答を低減することができる。

一次

Lesson 06 鉄筋コンクリート構造

柱のじん性確保

あっしらの人生を確保するには
（柱のじん性確保）

帯の間隔を密に
（帯筋間隔を密に）

柱のじん性を確保するためには、帯筋《おびきん》の間隔を密にする。

■鉄筋コンクリート造建築物の構造計画

- 柱の変形能力を高めるため、せん断強度が曲げ降伏強度を上回るように計画する。
- 柱は、地震時のぜい性破壊の危険を避けるため、軸方向圧縮応力度が小さくなるように計画する。
- 大梁は大地震に対してねばりで抵抗させるため、原則として梁の両端での曲げ降伏がせん断破壊に先行するよう設計する。
- 腰壁、垂れ壁、そで壁等は、柱及び梁の剛性やじん性への影響を考慮して計画する。
- 耐震壁の剛性評価に当たっては、曲げ変形、せん断変形、回転変形を考慮する。
- 重心と剛心が一致しない建築物では、地震時にねじれ変形が生じ、剛心に遠い構面ほど層間変形が大きくなる。
- 建物間に設けるエキスパンションジョイント部のあき寸法は、建物相互の変形量を考慮する。

■柱

- 普通コンクリートを使用する場合の柱の最小径は、原則としてその構造耐力上主要な支点間の距離の $\frac{1}{5}$ 以上とする。
- 柱の主筋の断面積の和は、コンクリートの断面積の 0.8 %以上とする。
- 柱のじん性を確保するため、短期軸方向力を柱のコンクリート全断面積で除した値は、コンクリートの設計基準強度の $\frac{1}{3}$ 以下とする。
- 柱のじん性を確保するためには、帯筋の間隔を密にすることや副帯筋を用いることが有効である。
- 柱の引張鉄筋比が大きくなると、付着割裂《かつれつ》破壊が生じやすくなる。

■せん断補強筋

- 柱及び梁のせん断補強筋は、直径 9 mm 以上の丸鋼または D 10 以上の異形鉄筋とし、せん断補強筋比は 0.2 %以上とする。
- 壁板のせん断補強筋比は、直交する各方向に関して、それぞれ 0.25 %以上とする。
- 柱のせん断補強筋の間隔は、柱の上下端から柱の最大径の 1.5 倍または最小径の 2 倍のいずれか大きい範囲を 100 mm 以下とする。

■梁

- 一般の梁で、長期許容応力度で梁の引張鉄筋の断面積が決まる場合、原則として引張鉄筋の断面積はコンクリート断面積の 0.4 %以上とする。
- 梁のあばら筋に D 10 の異形鉄筋を用いる場合、その間隔は梁せいの $\frac{1}{2}$ 以下、かつ、250 mm 以下とする。
- 一般に梁の圧縮鉄筋は、じん性の確保やクリープ変形によるたわみの防止に有効である。
- 梁貫通孔は、梁端部への配置を避け、孔径を梁せいの $\frac{1}{3}$ 以下とする。
- 梁に 2 個以上の貫通孔を設ける場合、中心間隔を両孔径の平均値の 3 倍以上とする。
- 梁に貫通孔を設けた場合、構造耐力の低下は、曲げ耐力よりせん断耐力のほうが著しい。

■床スラブ

- 床スラブは、地震力に対し同一階の水平変位を等しく保つ役割を有する。
- 床スラブの配筋は、各方向の全幅について、鉄筋全断面積のコンクリート全断面積に対する割合を 0.2 %以上とする。

一次

Lesson 07 鉄骨構造

ラーメン構造・トラス構造

四角いラーメンを
（四角形・ラーメン構造）
三角の箸で取らす
（三角形・トラス構造）

ラーメン構造は四角形の組合せで、トラス構造は三角形の組合せで構成する。

■梁・柱の接合部材

中間スチフナ	• 梁の材軸と直角方向に配置し、主としてウェブプレートのせん断座屈補強として用いる。
内ダイアフラム	• せいの異なる梁を１本の柱に取り付ける場合等に用いる。

■座屈《ざくつ》

- H 形鋼は、フランジ及びウェブの幅厚比が大きくなると局部座屈を生じやすい。
- H 形鋼梁は、荷重や外力に対し、せん断力をウェブが負担するものとして扱う。

注意 • フランジではない！

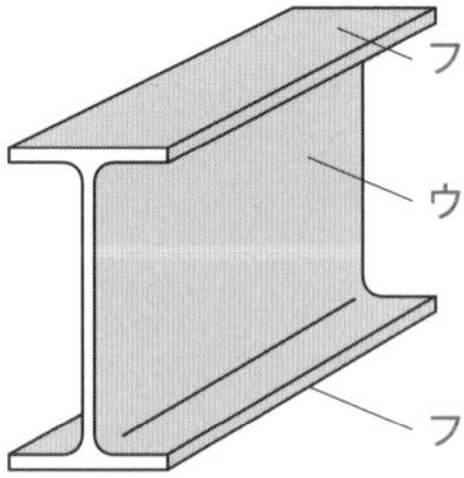

■梁材のたわみ

- 梁の材質を変えても、断面と荷重条件が同一ならば、梁のたわみは同一である。

■圧縮材・柱材

- 構造耐力上主要な部分である圧縮材については、細長比の上限値が定められている。
- 材端の移動が拘束され材長が同じ場合、両端固定材の座屈長さは、両端ピン支持材の座屈長さより短い。

■接合

- 引張材の接合を高力ボルト摩擦《まさつ》接合とする場合は、母材のボルト孔による欠損を考慮して、引張応力度を計算する。
- 部材の引張力によってボルト孔周辺に生じる応力集中の度合は、高力ボルト摩擦接合の場合より普通ボルト接合のほうが大きい。
- 引張力とせん断力を同時に受けるときの摩擦接合部の高力ボルトの軸断面に対する許容せん断応力度は、引張力を受けないときの許容値より低減させる。
- せん断応力のみを受ける高力ボルト摩擦接合の場合、繰返し応力によるボルトの疲労を考慮する必要がない。
- 溶接と高力ボルトを併用する継手《つぎて》で、溶接を後に行う場合は両方の許容耐力を加算してよい。
- 引張力を負担する筋かいの接合部の破断耐力は、筋かい軸部の降伏耐力以上になるように設計する。

■柱脚

- 柱脚に高い回転拘束力をもたせるためには、露出形式ではなく根巻き形式とする。

プラスα　トラス構造・ラーメン構造

- トラス構造は、部材を三角形に組み合わせた骨組で、比較的細い部材で大スパンを構成することができる。
- 鉄骨造におけるトラス構造の節点は、構造計算上、すべてピン接合として扱う。
- 節点の水平移動が拘束されているラーメン構造では、柱の座屈長さは、設計上、節点間の距離に等しくとることができる。

一次

Lesson 08 基礎構造

杭と杭の中心間隔

胸に打ち込まれた悔いは
（打込み杭）
埋め込まれた悔いより
（埋込み杭）
回復に時間が必要
（大きい間隔）

杭径が同一の場合、杭と杭の中心間隔は、埋込み杭のほうが打込み杭より小さくできる。

■直接基礎

- 直接基礎の地盤の許容応力度は、基礎スラブの底面積が同じであっても、その底面形状が正方形の場合と長方形の場合とでは異なる値となる。
- 直接基礎下における粘性土地盤の圧密沈下は、地中の応力の増加により長時間かかって土中の水が絞り出され、間隙が減少するために生じる。
- 圧密による許容沈下量は、独立基礎のほうがべた基礎に比べて小さい。
- 基礎梁の剛性を大きくすることにより、基礎の沈下量を平均化できる。

■フローティング基礎

- フローティング基礎は、建物重量と基礎等の構築による排土《はいど》重量をつり合わせ、地盤中の応力が増加しないようにする基礎形式である。

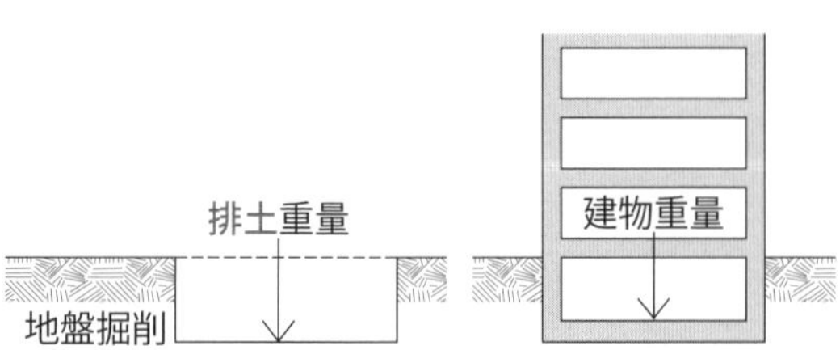

■杭基礎

- 杭の極限鉛直支持力は、極限先端支持力と極限周面摩擦力との和で表す。
- 杭の周辺地盤に沈下が生じたときに、杭に作用する負の摩擦力は、一般に支持杭のほうが摩擦杭より大きい。
- 支持杭を用いた杭基礎の許容支持力には、基礎スラブ底面における地盤の支持力は加算しない。
- 地盤から求める杭の引抜き抵抗力に杭の自重を加える場合は、地下水位以下の部分の浮力を考慮する。

極限支持力に達するまでの沈下量	埋込み杭 ＞ 打込み杭
基礎杭先端の地盤の許容応力度	埋込み杭 ＞ 場所打ちコンクリート杭
杭と杭の中心間隔（杭径同一）	埋込み杭 ＜ 打込み杭
杭と杭の中心間隔の最小値（埋込み杭）	2 倍以上かつ 75 cm 以上

■既製コンクリート杭の主な施工法

打込み工法	• 打撃工法	
埋込み工法	プレボーリング	• セメントミルク工法
	中掘り	• 中掘り根固め工法

■場所打ちコンクリート杭の主な工法

場所打ちコンクリート杭工法	• アースドリル工法 • リバース工法 • オールケーシング工法

プラスα　地盤の液状化

- 地下水面下の緩い砂地盤が地震時に繰り返しせん断を受けることにより、間隙水圧が上昇し、水中に砂粒子が浮遊状態となる現象である。

一次

Lesson 09 荷重・外力

固定荷重・積載荷重

コテコテの　壁と床
（固定荷重）　（壁）（床）
この椅子はぼくの席さ
（椅子）（人）（積載荷重）

建物に固定された壁や床などは固定荷重、テーブルや椅子、人などは積載荷重である。

■積載荷重

<table>
<tr><th colspan="3" rowspan="2">分　類</th><th colspan="3">積載荷重（N/m²）</th></tr>
<tr><th>床用</th><th>大梁・柱用</th><th>地震力用</th></tr>
<tr><td>①</td><td colspan="2">住宅の居室、住宅以外の建築物の寝室または病室</td><td>1,800</td><td>1,300</td><td>600</td></tr>
<tr><td>②</td><td colspan="2">事務室</td><td>2,900</td><td>1,800</td><td>800</td></tr>
<tr><td>③</td><td colspan="2">教室</td><td>2,300</td><td>2,100</td><td>1,100</td></tr>
<tr><td>④</td><td colspan="2">百貨店、店舗の売場</td><td>2,900</td><td>2,400</td><td>1,300</td></tr>
<tr><td rowspan="2">⑤</td><td rowspan="2">劇場、映画館、集会場等の客席または集会室</td><td>固定席</td><td>2,900</td><td>2,600</td><td>1,600</td></tr>
<tr><td>その他</td><td>3,500</td><td>3,200</td><td>2,100</td></tr>
<tr><td>⑥</td><td colspan="2">自動車車庫及び自動車通路</td><td>5,400</td><td>3,900</td><td>2,000</td></tr>
<tr><td>⑦</td><td colspan="2">廊下、玄関または階段</td><td colspan="3">③～⑤の室に連絡するものは、⑤のその他の値をとる。</td></tr>
<tr><td>⑧</td><td colspan="2">屋上広場またはバルコニー</td><td colspan="3">①による。ただし、学校または百貨店の用途に供する建物にあっては④による。</td></tr>
</table>

- 倉庫業を営む倉庫における床の積載荷重は、実況に応じて計算した数値が 3,900 N/m^2 未満の場合においても、3,900 N/m^2 としなければならない。

■積雪荷重

- 積雪荷重は、積雪の単位荷重に屋根の水平投影面積及びその地方における垂直積雪量を乗じて計算する。
- 多雪区域に指定されていない地域において、積雪荷重の計算に用いる積雪の単位荷重は、積雪量 1 cm ごとに 20 N/m^2 以上としなければならない。
- 雪止めがない屋根の積雪荷重は、屋根勾配《こうばい》が 60 度を超える場合には 0 とすることができる。

■風圧力

- 風圧力を求めるために用いる風力係数は、建築物の外圧係数と内圧係数の差により算出する。 注意 • 積ではない！
- 速度圧の計算に用いる基準風速 V_0 は、その地方の再現期間 50 年の 10 分間平均風速値に相当する。
- 屋根葺《ぶ》き材に作用する風圧力は、平均速度圧にピーク風力係数を乗じて求める。
- 防風林などにより風を有効に遮ることができる場合は、風圧力の算定に用いる速度圧を低減することができる。

■地震力

- 地震力の計算に用いる振動特性係数は、建築物の弾性域における固有周期と地盤種別に影響される。
- 地震層せん断力は、2 階に生じる地震層せん断力より 1 階に生じる地震層せん断力の方が大きい。

プラスα　保有水平耐力計算

- 必要保有水平耐力の計算に用いる標準せん断力係数は、1.0 以上としなければならない。
- 保有水平耐力計算において、多雪区域の積雪時における長期応力度計算に用いる荷重は、固定荷重と積載荷重の和に、積雪荷重に 0.7 を乗じた値を加えたものとする。

第1部 ゴロ合わせ編
第1章 建築学

一次

Lesson 10 3ヒンジラーメン架構等

3ヒンジラーメン

3人の貧児
(3ヒンジ)
間に入ってもめごと無し
(中間のヒンジのモーメントは0)

3ヒンジラーメンの中間のヒンジ（ピン）のモーメントは0である。

■ 3ヒンジラーメン架構の反力

3ヒンジラーメン

- 両支点がピン支点、部材中間にピンがある静定ラーメンを3ヒンジラーメンという。
- 中間のピンは、モーメントが0になる。

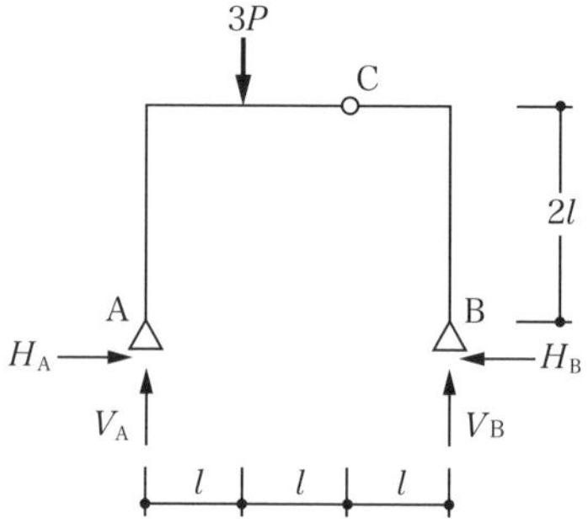

A点・B点の垂直反力

$$M_B = V_A \times 3l - 3P \times 2l = 0$$

$$V_A = \frac{3P \times 2l}{3l} = 2P$$

$$\Sigma Y = 3P - V_A - V_B = 0 \text{ より}$$

$$V_B = P$$

A点・B点の水平反力

$$M_C = H_B \times 2l - V_B \times l = 0$$

$$H_B = \frac{P}{2} = H_A$$

■等分布荷重の3ヒンジラーメン架構

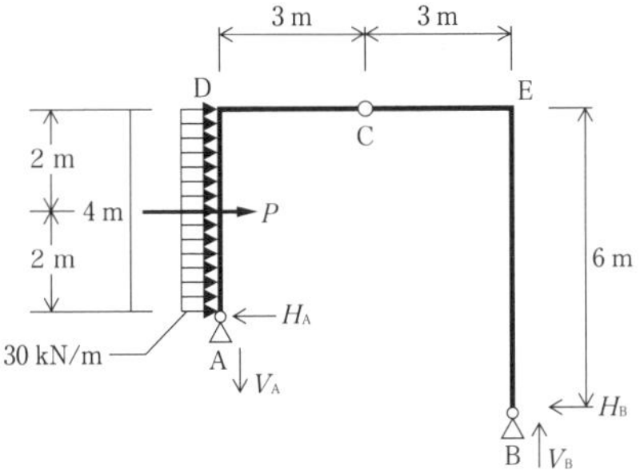

- 等分布荷重は、合力に置き換えて計算する。
  合力 $P = 30\ \text{kN/m} \times 4\ \text{m} = 120\ \text{kN}$（作用点は点Aから2 m）

A点の水平反力・鉛直反力

$M_B = -H_A \times 2\ \text{m} - V_A \times 6\ \text{m} + P \times 4\ \text{m} = 0$ …①

$M_C = +H_A \times 4\ \text{m} - V_A \times 3\ \text{m} - P \times 2\ \text{m} = 0$ …②

①−②×2として、

$H_A(-2-8) + 8P = 0$

$$H_A = \frac{-8P}{-10}$$

$P = 120$ を代入して、

$$H_A = \frac{-960}{-10} = 96\ [\text{kN}]$$

$P = 120$、$H_A = 96$ を①に代入して、

$-96 \times 2 - V_A \times 6 + 120 \times 4 = 0$

$$V_A = \frac{288}{6} = 48\ [\text{kN}]$$

■ラーメン架構の曲げモーメント図

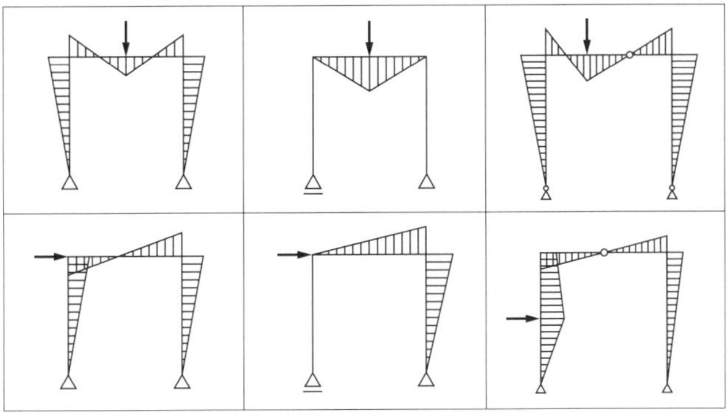

一次

Lesson 11 セメント・コンクリート

ヤング係数

でかいヤングは
（大きいヤング係数）
押しつぶされない
（圧縮強度が高い）

ヤング係数は、変形しにくさ（硬さ）を示す指標で、値が大きいほど、圧縮に対する強度も高くなる。

■セメントの種類

普通ポルトランドセメント	• 最も一般的なセメント。
早強ポルトランドセメント	• セメント粒子の細かさを示す比表面積（ブレーン値）を大きくして、早期強度を高めたセメント。
高炉セメントB種・C種	• 耐海水性や化学抵抗性が大きい。
フライアッシュセメント	• 水和熱が小さく、マスコンクリートに適する。

■セメントに関する諸事項

比表面積（ブレーン値）	• セメント粒子の細かさを示す値で、値が大きいほど細かく、早期強度が得られる。
水硬《すいこう》性	• セメントは、時間の経過とともに水和反応が進行し、強度が発現していく水硬性材料である。

風化	• セメントの貯蔵期間が長いと、空気中の水分や二酸化炭素を吸収し、風化による品質劣化を起こしやすい。
水和熱	• 凝結・硬化中に起こる発熱をいう。

■混和材料

AE 剤	• ワーカビリティーを良くし、単位水量を減少させることができる。 • 凍結融解に対する抵抗性を高め、耐久性を向上させる。
AE 減水剤	• 遅延形は、コンクリートの凝結を遅らせ、暑中コンクリートやマスコンクリートに用いられる。 • 促進形は、コンクリートの初期強度の発現を促進し、寒中コンクリートに用いられる。
フライアッシュ	• ワーカビリティーや圧送性の改善、ブリーディングの減少、水和熱の抑制のために用いられる。

■コンクリートに関する諸事項

強度	• 引張強度は圧縮強度の $\frac{1}{10}$ 程度。 • 空気量が 1 %増加すると、圧縮強度は約 4 %低下する。
ヤング係数	• 強度が高いほど、単位容積質量が大きいほど、大きくなる。
ポアソン比	• $\frac{\text{横ひずみ度}}{\text{縦こずみ度}}$ = 0.2 程度。
熱膨張《ねつぼうちょう》係数	• 鉄筋の熱膨張係数とほぼ同じ。
火熱に対する性質	• 火熱にあうと変質し、500 ℃を超えると強度が大きく減少する。

プラスα　アルカリ骨材反応対策

- アルカリシリカ反応試験で無害とされた骨材を使用する。
- 抑制効果のある混合セメント（高炉セメント B 種・フライアッシュセメント B 種）を使用する。
- 総アルカリ量を Na_2O 換算で 3.0 kg/m^3 以下にする。

一次

Lesson 12 鋼材・金属材料

鋼材の種類

一般道をすすむ
（一般構造用・SS 材）

溶接工のスマイル
（溶接構造用・SM 材）

建築はすんだのね
（建築構造用・SN 材）

SS 材は一般構造用圧延鋼材、SM 材は溶接構造用圧延鋼材、SN 材は建築構造用圧延鋼材である。

■金属材料の種類・性質

鉛	• 酸その他の薬液に対する抵抗性や X 線遮断《しゃだん》効果が大きいが、アルカリには非常に弱い。
銅	• 熱や電気の伝導率が大きく、湿気中では緑青を生じ耐食性が増す。
黄銅（真ちゅう）	• 銅と亜鉛の合金であり、亜鉛が 30 ～ 40 %のものである。
青銅	• 銅と錫を主成分とする合金で、黄銅に比べ耐食性に優れている。
ステンレス鋼	• ニッケルやクロムを含み、炭素量が少ないものほど軟質で、耐食性に優れている。 • SUS 304 は、SUS 430 に比べ磁性が弱い。
アルミニウム	• 純度の高いアルミニウムは、展延性に富み加工しやすく、空気中では表面に酸化被膜を生じ耐食性が増す。 • 密度及びヤング係数は、それぞれ鋼の約 $\frac{1}{3}$ である。 • 線膨張係数は、鋼の約 2 倍である。

チタン	• 鋼に比べて密度が小さく、耐食性に優れている。
炭素鋼	• 炭素量が増すと引張強さと硬さが増すが、伸びやじん性が減少する。

■鋼材の種類

SN 鋼 B 種・C 種	• 炭素当量の上限を規定して溶接性を改善した鋼材。
FR 鋼	• モリブデン等の元素を添加することで耐火性を高めた鋼材。
TMCP 鋼	• 熱加工制御により製造された、高じん性で溶接性に優れた鋼材。
低降伏点鋼	• 添加元素を極力低減した純鉄に近い鋼で、強度を低くし、延性を高めた鋼材。

■鋼材の熱処理

焼入れ	• 鋼を硬くし、強度を増加させるために、ある特定の温度以上まで加熱したのち、急冷する方法。
焼戻し	• 焼入れした鋼の硬さや強度を低減して、じん性を持たせるために、400 ～ 650 ℃程度まで加熱したのち、自然冷却する方法。
焼ならし	• 加工した鋼の結晶組織を微細化・均一化させるため、ある特定の温度以上まで加熱したのち、自然冷却する方法。
焼なまし	• 鋼を軟らかくするために、適当な温度で一定時間加熱したのち、炉の中などでゆっくりと冷却する方法。

プラスα　鋼の高温特性

- 300 ℃前後で引張強さは極大になるが、伸びは極小になり、常温時に比べて非常に硬くてもろくなる（青熱ぜい性）。
- 硫黄を多く含む炭素鋼は、1,000 ℃付近の高温で割れやすくなる（赤熱ぜい性）。このため、加熱加工は赤熱状態（850 ～ 900 ℃）で行う。

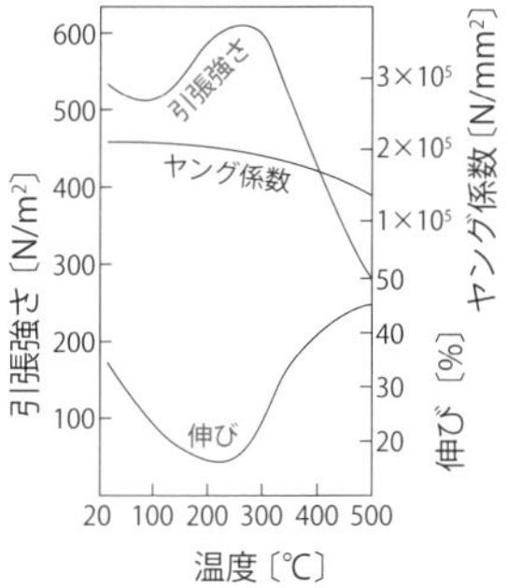

高温での鋼の力学的性質

第❶部 ゴロ合わせ編
第❶章 建築学

一次

Lesson 13 石材・ガラス・タイル

複層ガラス・合わせガラス

中に空気を入れた服装
(乾燥空気層・複層ガラス)
左右の合わせは接着して
(合わせガラス・全面接着)

2枚の板ガラスの間に乾燥空気層を設けて密封したものは複層ガラス、2枚以上の板ガラスに中間膜を挟み全面接着したものは合わせガラスである。

■天然石の特徴

花こう岩	• 耐《たい》磨《ま》耗《もう》性・耐久性に優れるが、耐火性に劣る。
大理石	• ち密で磨くと光沢が出るが、風化しやすく、耐酸性・耐火性に劣る。
砂岩	• 耐火性に優れるが、吸水率の大きなものは耐凍害性に劣る。
石灰岩	• 加工しやすいが、耐水性に劣る。
安山岩	• 硬度が高く、耐久性に優れる。
凝灰岩	• 軟質で加工しやすく、耐火性・吸水性に優れる。 注意 • 耐久性には劣る!
粘板岩	• 吸水が少なく、耐久性に優れる。

■各種板ガラス

型板ガラス	• ロールアウト方式により、ロールに彫刻された型模様をガラス面に熱間転写して製造された、片面に型模様のある板ガラスである。
熱線吸収板ガラス	• 板ガラスに鉄・ニッケル・コバルトなどを微量添加したもので、冷房負荷の軽減に効果のあるガラスである。
熱線反射ガラス	• 日射熱の遮蔽を主目的とし、ガラスの片側の表面に熱線反射性の薄膜を形成したガラスである。 注意 • 両側ではない！
強化ガラス	• 板ガラスを熱処理してガラス表面付近に強い圧縮応力層を形成したもので、耐衝撃強度が高いガラスである。 注意 • 引張応力層ではない！
合わせガラス	• 2枚以上の板ガラスに中間膜を挟み全面接着したもので、外力の作用によって破損しても、破片の大部分が飛び散らないようにしたガラスである。
複層ガラス	• 2枚の板ガラスの間に乾燥空気層を設けて密封したもので、結露防止に効果のあるガラスである。
Low-E 複層ガラス	• 中空層側のガラス面に特殊金属をコーティングしたもので、日射制御機能と高い断熱性を兼ね備えたガラスである。

■セラミックタイルの種類

成形方法による種類	押出し成形・プレス成形
吸水率による種類	Ⅰ類（3.0 %以下） Ⅱ類（10.0 %以下） Ⅲ類（50.0 %以下）
うわぐすりの有無による種類	施ゆう・無ゆう

プラスα　タイルの裏あし

- 有機系接着剤によるタイル後張り工法で施工するタイルには、裏あしがなくてもよい。
- 裏あしの形状は、あり状とする。

一次

Lesson 14 左官材料・塗料

ドロマイトプラスター

トロ巻いとこう
(ドロマイトプラスター)
海苔はなしで
(のりは不要)

ドロマイトプラスターは、それ自体に粘性があるため、のりを必要としない。

■左官材料

せっこうプラスター	• 主成分である焼せっこうが水和反応を起こし、余剰水が発散して硬化する塗り壁材料。 • 乾燥が困難な場所や乾湿の繰返しを受ける部位では硬化不良となりやすい。 • 長期間保存したものは、湿気を吸収して硬化時間が長くなり、異常凝結や異常膨張を起こしやすい。 • 長期間水に触れていると、著しく強度が低下する。
ドロマイトプラスター	• ドロマイト原石(白雲石)を焼成し、水和消化した後、粉末度を調整したもの。 • それ自体に粘性があるためのりを必要としない。
セメントモルタル	• 混和材として消石灰を用いると、こて伸びがよく、平滑な面が得られる。
セルフレベリング材	• せっこう組成物やセメント組成物に骨材や流動化剤等を添加した材料。 • 水の影響を受けやすい部分への施工は避ける。

パーライト	• 真珠岩や黒曜石を粉砕し、高温で急激に加熱し膨張させた軽量骨材。
メチルセルロース	• 水溶性粉末でセメントモルタルに混入して、作業性の向上のために用いられる。

■塗壁の分類

水硬性	• セメントモルタル塗り • せっこうプラスター塗り
気硬性	• ドロマイトプラスター塗り • しっくい塗り

■塗料

合成樹脂調合ペイント	• 溶剤の蒸発とともに油分の酸化重合《じゅうごう》が進み、硬化乾燥して塗膜を形成する。 • 木部に適するが、モルタル面には適さない。
合成樹脂エマルションペイント	• 水分が蒸発するとともに樹脂粒子が接近融着し、連続塗膜を形成する。 • モルタル面・せっこうボード面に適するが、金属面には適さない。
つや有合成樹脂エマルションペイント	• モルタル面・せっこうボード面に適し、屋内の鉄鋼面にも適する。
アクリル樹脂系非水分散形塗料	• 溶剤の蒸発とともに分散された粒子が結合し、塗膜を形成する。 • モルタル面に適するが、せっこうボード面・ガラス繊維補強セメント板（GRC 板）面には適さない。
2 液形ポリウレタンワニス	• 溶剤の蒸発とともに反応が進み、ウレタン結合を有する透明塗膜を形成する。

プラスα　しっくい用ののり剤

• しっくい用ののり剤には、海藻、海藻の加工品、メチルセルロース等がある。

一次 二次

Lesson 15 防水材料・シーリング材

モジュラス

引っ張ったゴムを
(ゴム状弾性)
元に戻らす
(モジュラス)

ゴム状弾性を有する材料に一定の伸びを与えたときに、元に戻ろうとする力（引張応力）をモジュラスという。

■アスファルト防水材料

防水工事用アスファルト	• フラースぜい化点温度が低いものほど、低温特性のよいアスファルトである。
アスファルトルーフィング	• アスファルトルーフィング 1500 の数値 1500 は、製品の単位質量が 1,500 g/m^2 以上であることを表している。 注意 • アスファルト含浸量ではない！
ストレッチルーフィング	• ストレッチルーフィング 1000 の数値 1000 は、製品の抗張積（引張強さと最大荷重時の伸び率との積）を表している。
アスファルトプライマー	• 有機溶剤タイプは、ブローンアスファルトなどを揮《き》発《はつ》性溶剤に溶解したものである。
改質アスファルトシート	• 温度特性による区分でⅠ類とⅡ類があり、Ⅱ類のほうが低温時の耐折り曲げ性がよい。

■塗膜防水材料

- 屋根用ウレタンゴム系防水材は、引張強さ、伸び率、抗張積などの特性によって、高伸長形（旧1類）と高強度形に区分される。

ウレタンゴム系 塗膜防水材	1 成分形…空気中の水分を硬化に使用するもの。 2 成分形…主剤と硬化剤が反応硬化して塗膜を形成するもの。
ゴムアスファルト系 塗膜防水材	乾燥造膜型… ゴムアスファルトエマルションだけで乾燥造膜するもの。 反応硬化型… 硬化剤により促進造膜するもの。

■シーリング材の分類

1 成分形	エマルションタイプ…水分の蒸発によって硬化する。 溶剤タイプ…溶剤の揮発によって硬化する。
2 成分形	• 使用にあたって基剤と硬化剤を混合する。

■ JIS に規定される建築用シーリング材のタイプ・クラス

タイプ	タイプG…ガラスのはめ込み（グレイジング）に使用するタイプ。 タイプF…グレイジング以外の用途に使用するタイプ。
クラス	• 目地幅に対する拡大率・縮小率によって、5 クラスに分かれる。

■シーリング材の種類

シリコーン系シーリング材	• 耐候性・耐熱性・耐寒性に優れる。 • 表面にほこりが付着しやすく、目地周辺に撥水《はっすい》汚染が生じやすい。
1成分形高モジュラス形シリコーン系シーリング材	• 耐熱性・耐寒性に優れ、防かび剤を添加したものは、浴槽や洗面化粧台などの水まわりの目地に用いられる。
2成分形低モジュラス形シリコーン系シーリング材	• 耐光接着性に優れ、ガラス・マリオン方式のカーテンウォールの目地に用いられる。
2 成分形変成シリコーン系シーリング材	• 耐候性・耐久性が良好で、プレキャストコンクリートカーテンウォールの部材間の目地に用いられる。
2 成分形ポリウレタン系シーリング材	• 耐熱性・耐候性に劣り、金属パネルや金属笠木などの目地には用いない。

第1部 ゴロ合わせ編
第1章 建築学

一次

Lesson 16 屋根材・ドアセット サッシ

サッシの性能項目

察してよ
(サッシ)
衝撃的な果汁で
(耐衝撃性・鉛直荷重強さ)
顔面がねじれる心配は
(面内変形追随性・ねじり強さ)
ないから

サッシの性能項目には、耐衝撃性・鉛直荷重強さ・面内変形追随性・ねじり強さは含まれない。

■土がわらの形状(桟がわら)

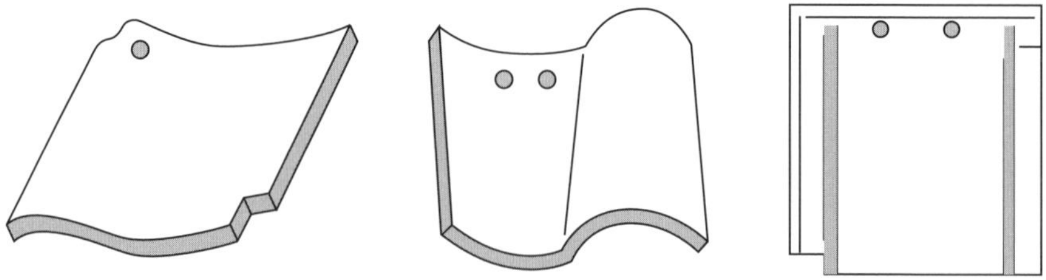

J形粘土がわら　S形粘土がわら　F形粘土がわら

■ JIS に規定される屋根材料

- 粘土がわらの種類は、製法、形状及び寸法によって区分されている。
- プレスセメントがわらの種類は、形状及び塗装の有無によって区分されている。
- 住宅屋根用化粧スレートの吸水率の上限は、平形屋根用スレート、波形屋根用スレートとも同じである。
- 住宅屋根用化粧スレートの曲げ破壊荷重の下限は、平形屋根用スレートより波形屋根用スレートのほうが大きい。
- 繊維強化セメント板のスレート（波板）の吸水率の上限は、小波板、大波板とも同じである。
- 繊維強化セメント板のスレート（波板）の曲げ破壊荷重の下限は、小波板より大波板の方が大きい。

■ JIS に規定される金属製折板《せっぱん》屋根構成材

タイトフレーム	• ボルト付きタイトフレーム • タイトフレームだけのもの • 端部用タイトフレーム	
折板	形式による区分	• 重ね形　• はぜ締め形　• かん合形
	耐力による区分	1 種（980 N/m^2）～ 5 種（4,900 N/m^2）
	材料による区分	• 鋼板製　• アルミニウム合金板製

■ JIS に規定されるドアセットの性能項目

• ねじり強さ*　• 鉛直荷重強さ*　• 開閉力　• 開閉繰返し　• 耐衝撃性*
• 耐風圧性　• 気密性　• 水密性　• 遮音性　• 断熱性
• 日射熱取得性　• 面内変形追随性*
＊は、スライディングドアセットには適用しない。

■ JIS に規定されるサッシの性能項目

• 開閉力　• 開閉繰返し　• 耐風圧性　• 気密性　• 水密性　• 戸先かまち強さ
• 遮音性　• 断熱性　• 日射熱取得性

注意 • ねじり強さ、鉛直荷重強さ、耐衝撃性、面内変形追随性は、サッシの性能項目には規定されていない！

一次

Lesson 17 内装材料

せっこうボード

防水したシーズー
（防水処理・シージングせっこうボード）

ガラスで強化
（ガラス繊維・強化せっこうボード）

両面の紙とせっこうの芯に防水処理をほどこしたものはシージングせっこうボード、ボードの芯材にガラス繊維を混入したものは強化せっこうボードである。

■主な床材料

単層ビニル床タイル	• 耐摩耗性・耐薬品性・耐アルカリ性に優れる。 • バインダー含有率が比較的多く、柔軟性に優れる。
複層ビニル床タイル	• 耐水性・耐油性・耐摩耗性・耐薬品性・耐アルカリ性に優れるが、熱による伸縮性が大きい。
コンポジションビニル床タイル	• 単層ビニル床タイルよりバインダー量を少なくした床タイル。
ゴム床タイル	• 天然ゴムや合成ゴムを主原料とした床タイルで、独自の歩行感を有する。 • 耐摩耗性に優れるが、耐油性に劣る。
コルク床タイル	• 天然コルク外皮を主原料として、必要に応じてウレタン樹脂等で加工した床タイル。

リノリウムシート	• あまに油、松脂、コルク粉、木粉、炭酸カルシウム等を練り込んで、麻布を裏打ち材として成形した床シート。
ウィルトンカーペット	• 機械織りカーペットで、数色のパイル糸を使って模様を織り出すことができる。
フローリングシート	• 1 枚のひき板を基材とした単層フローリング。
フローリングブロック	• ひき板を 2 枚以上並べて接合したものを基材とした単層フローリング。 注意 • 複層ではない！

■ボード類

シージングせっこうボード	• 両面の紙とせっこうの芯に防水処理を施したもの。
強化せっこうボード	• ボードの芯材にガラス繊維を混入し、火災を被ってもひび割れや脱落が生じにくくしたもの。 • 防火・耐火構造の構成材や壁・天井の下地材として使用される。
構造用せっこうボード	• 強化せっこうボードの性能を満たしたうえ、くぎ側面抵抗を強化したもので、耐力壁用の面材などに使用される。
木毛セメント板	• 木材の木毛とセメントその他の添加剤を主原料とし、圧縮成形したもの。 • 比較的防火性能が高い。
けい酸カルシウム板	• 石灰質原料、けい酸質原料、石綿以外の繊維、混和材料を原料として、成形したものである。 • 断熱性・耐火性に優れ、タイプ 2 は内装用として、タイプ 3 は耐火被覆用として使用される。
パーティクルボード	• 木材の小片を接着剤を用いて熱圧成形したもの。 • 日本産業規格（JIS）で定められたホルムアルデヒド放散量による区分がある。
インシュレーションボード	• 主に木材などの植物繊維を成形した繊維板の一種で、用途による区分により畳床用、断熱用、外壁下地用として使用される。

第❶部 ゴロ合わせ編
第❷章 建築基礎

一次

Lesson 01 構内舗装・測量・植栽

プライムコート・タックコート

ロバが
（路盤）
着そうなプライムコート
（基層）
ヒョウが
（表層）
着そうなタックコート
（基層）

プライムコートは路盤と基層の接着性、タックコートは基層と表層の接着性を向上させるために使用される。

■構内アスファルト舗装

- 盛土《もりど》をして路床《ろしょう》とする場合は、一層の仕上り厚さ 200 mm 程度ごとに締め固めながら、所定の高さに仕上げる。
- アスファルト混合物の敷均し時の温度は、一般に 110 ℃以上とする。
- アスファルト混合物の締固め作業は、一般に継目転圧、初転圧、2 次転圧、仕上げ転圧の順に行う。
- アスファルト舗装終了後の交通開放は、舗装表面の温度が 50 ℃以下になってから行う。
- アスファルト舗装の継目は、既設舗装の補修、延伸等の場合を除いて、下層の継目の上に上層の継目を重ねない。

■舗装に用いるストレートアスファルト

積雪寒冷地域	• 針入度 80 ～ 100 の範囲のものを用いる。
一般地域	• 針入度 60 ～ 80 の範囲のものを用いる。

■アスファルト舗装の材料等

プライムコート	• 路盤の仕上がり面を保護し、その上のアスファルト混合物層（基層）との接着性を向上させる。
タックコート	• 基層と表層の接着をよくする。
シールコート	• 表層を保護し、老化・ひび割れを防止する。

■測量の種類

直接水準測量	• レベルと標尺を用いて、既知の基準点から順に次の点への高低を測定し、必要な地点の標高を求める測量。 • レベルは視準距離を等しくし、できる限り両標尺を結ぶ直線上に設置して、往復観測とする。 • 標尺は両手で支えて目盛を隠さないように持ち、前後にゆっくり動かして最小の値を読み取る。
間接水準測量	• 計算によって高低差を求める測量方法。 • セオドライトやトータルステーションなどを用いる。
平板測量	• 平板とアリダードを用いて測量と製図を現地で同時に行う。

■植栽に関する用語

幹周《みきまわり》	• 樹木の幹の周長をいい、根鉢の上端より 1.2 m の位置を測定する。 • 樹木の幹が 2 本以上の場合の幹周は、各々の幹の周長の総和の 70 %とする。
樹高	• 樹木の樹冠の頂端から根鉢の上端までの垂直高をいう。
枝張り	• 樹木の四方面に伸長した枝の幅をいい、測定方向により長短がある場合は、最長と最短の平均値とする。

一次

Lesson 02 電気設備・避雷設備

避雷設備の設置

20歳を超えると
(高さ20 m超)

危険が10倍
(危険物・指定数量10倍以上)

高さが20 mを超える建築物、指定数量の10倍以上の危険物を貯蔵する倉庫には、原則として避雷設備を設けなければならない。

■電圧の種別

区　分	直　流	交　流
低圧	750 V以下	600 V以下
高圧	750 Vを超え7000 V以下	600 Vを超え7000 V以下
特別高圧	7000 Vを超えるもの	

■低圧屋内配線

- 合成樹脂管内、金属管内及び金属製可とう電線管内では、電線に接続点を設けてはならない。
- 合成樹脂製可とう電線管のうちPF管は、自己消火性があり、屋内隠ぺい配管に用いることができる。
- 金属管の厚さは、コンクリートに埋め込む場合、1.2 mm未満としてはならない。

- 使用電圧が 300 V を超える場合、金属製の電線接続箱、ケーブルラックの金属製部分等には接地工事を施す。
- 地中電線路では、ビニル電線（IV）を使用してはならない。

■各種ダクト

バスダクト	• 電流の容量の大きい幹線に用いられる。
フロアダクト	• 使用電圧が 300 V 以下で、屋内の乾燥した場所の床埋込み配線に用いられる。
ライティングダクト	• 壁や天井などを貫通して設置してはならない。

■電気方式

- 特別高圧受電を行うような大規模なビルや工場などの電気供給方式には、三相 4 線式 400 V 級が多く用いられる。

単相 2 線式 100 V	• 負荷の小さい小規模住宅等で、電灯・コンセント等に使用。
単相 3 線式 100/200 V	• 負荷の大きい住宅・店舗等で、100 V は電灯・コンセント等、200 V は電気容量の大きな機器に使用。
三相 3 線式 200 V	• 中規模建築物等で、0.4 kW を超え 37 kW 以下の電動機等に使用。
三相 4 線式 240/415 V	• 大規模建築物等で、415 V は動力用、240 V は照明用に使用。

■原則として避雷設備を設けなければならないもの

- 高さが 20 m を超える建築物

  注意 • 15 m ではない！
- 指定数量の 10 倍以上の危険物を貯蔵する倉庫

■避雷設備に関する規定

- 受雷部システムの配置は、保護しようとする建築物の種類、重要度等に応じた保護レベルの要求事項に適合しなければならない。
- 鉄筋コンクリート造の鉄筋、鉄骨造の鉄骨躯体は、構造体利用の引下げ導線の構成部材として利用することができる。

一次

Lesson 03 空気調和設備 消火設備・昇降設備

消火方法

熱い思いは冷ます？
（冷却効果）

抑える？
（抑制効果）

それとも息の根を止める？
（窒息効果）

消火に用いる効果には、冷却効果・窒息《ちっそく》効果・抑制（負触媒）効果がある。

■空気調和設備

定風量単一ダクト（CAV）方式		• 空調機内で温度、湿度、清浄度を総合的に調整した後、ダクトにより各室に一定の風量で送風する方式。
変風量単一ダクト（VAV）方式		• 負荷変動に対して風量を変える方式。
二重ダクト方式		• 2 系統のダクトで送られた温風と冷風を、混合ユニットにより熱負荷に応じて混合量を調整して吹き出す方式。
ファンコイルユニット方式	2 管式	• 冷温水管を設置し、各ユニットや系統ごとに選択、制御して冷暖房を行う方式。
	4 管式	• 冷水管・温水管をそれぞれ設置するため、ゾーンごとに冷暖房同時運転が可能で、室内環境の制御性に優れている。
パッケージユニット方式		• 小容量の熱源機器を内蔵するパッケージ型空調機を、各空調区域や各室に設置して空調を行う方式。

■消火設備

屋内消火栓設備	• 建物の内部に設置し、人がノズルを手に持ち、火点に向けてノズルより注水を行い、冷却効果により消火するもの。
閉鎖型ヘッドの スプリンクラー消火設備	• スプリンクラーヘッドの放水口が火災時の熱により開放し、流水検知装置が作動して放水し消火する。 注意 • 煙ではない！
水噴霧消火設備	• 微細な霧状の水による冷却・窒息効果により消火するもので、自動車駐車場・指定可燃物貯蔵所に適する。
泡消火設備	• 主として泡による冷却・窒息効果により消火するもので、特に低引火点の油類による火災の消火に適し、電気室には適さない。
粉末消火設備	• 燃焼の抑制効果、窒息効果により消火するもので、ボイラ室・自動車車庫に適する。
不活性ガス消火設備	• 二酸化炭素などによる冷却・窒息効果により消火するもので、博物館の収蔵庫に適する。

■昇降設備に関する規定

エレベーター

• 乗用エレベーターには、1 人当たりの体重を 65 kg として計算した最大定員を明示した標識を掲示する。
• 乗用エレベーターの昇降路の出入口の床先とかごの床先との水平距離は、4 cm 以下とする。
• エレベーターの昇降路内には、原則として、エレベーターに必要な配管以外の配管設備を設けてはならない。
• 非常用エレベーターには、かごの戸を開いたままかごを昇降させることができる装置を設ける。

エスカレーター

• 勾配が 8 度を超え 30 度以下のエスカレーターの踏段の定格速度は、45 m/ 分以下とする。
• エスカレーターの踏段の幅は 1.1 m 以下とし、踏段の両側に手すりを設ける。

プラスα エレベーターの管制運転

• 地震時には最寄り階に、火災時・浸水時には避難階に帰着させる。

一次

Lesson 04 給排水設備

雨水桝・汚水桝

うすいのは　だめ
（雨水桝）　（泥だめ）

いちおしは
（汚水桝）

濃いい番茶
（インバート）

雨水桝《ます》には泥だめを、汚水桝には
インバートを設ける。

■給水設備の給水方式

水道直結直圧方式	• 水道本管から分岐した水道引込み管から直接各所に給水する方式。
水道直結増圧方式	• 水道本管から分岐した水道引込み管に増圧給水装置を直結し、各所に給水する方式。
高置水槽方式	• 一度受水槽に貯留した水をポンプで建物高所の高置水槽に揚水し、高置水槽から重力によって各所に給水する方式。
圧力水槽方式	• 受水槽の水をポンプで圧力水槽に送水し、圧力水槽内の空気を加圧して、その圧力によって各所に給水する方式。
ポンプ直送方式	• 受水槽に貯水したのち、給水ポンプで加圧した水を各所に給水する方式。

■主な給排水設備

エアチャンバー	• 給水管内に生ずるウォーターハンマーの水撃圧を吸収する。
トラップ	• 封水により、管内の悪臭･ガス･虫等が室内に侵入するのを防ぐ。 • 封水の深さは、阻集器を兼ねるものを除き、5 ～ 10 cm とする。
通気管	• サイホン作用によるトラップの封水切れを防止する。
排水桝	• 雨水桝には底部に深さ 150 mm 以上の泥だめを設ける。 • 汚水桝には底部にインバートを設ける。

■管トラップ

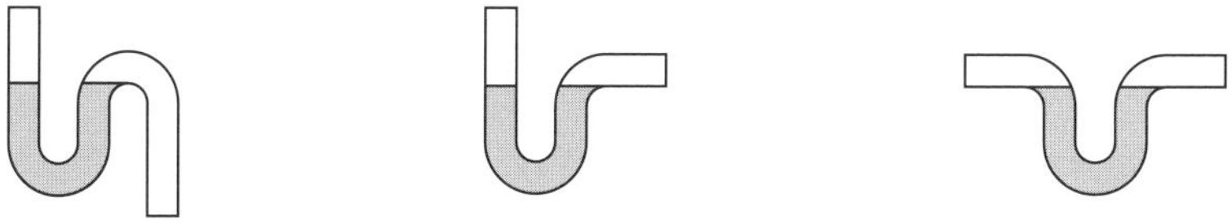

Sトラップ　Pトラップ　Uトラップ

■排水工事

- 配管勾配は、管径が 100 mm の場合、$\frac{1}{100}$ 以上とする。
- 配水管の埋設は、下流部より上流部に向けて行う。
- 排水管を給水管と平行にして埋設する場合は、原則として両配管の間隔を 500 mm 以上とし、排水管は給水管の下方に埋設する。
- 管渠《かんきょ》の排水方向や管径が変化する箇所及び管渠の合流箇所には、桝またはマンホールを設ける。
- 雨水排水立て管は、汚水排水管もしくは通気管と兼用、またはこれらの管に連結してはならない。

プラスα　円形マンホールの最小内径

- 給水タンクの内部の保守点検を行うために設ける円形マンホールの最小内法直径は、60 cm 以上とする。

一次

Lesson 05 請負契約・数量積算

受注者の解除権

せっかく独り占めできると
思ったのに
3 等分するなら
(2/3 以上減少)
もういらない
(契約解除)

受注者は、設計図書を変更したために請負代金額が $\frac{2}{3}$ 以上減少したときは、直ちに契約を解除することができる。

■公共工事標準請負契約約款

設計図書

・図面　・仕様書　・現場説明書　・現場説明に対する質問回答書

現場代理人

・契約の履行に関し、工事現場に常駐し、その運営、取締りを行うほか、契約に基づく受注者の一切の権限を行使することができるが、請負代金額の変更、請負代金の請求及び受領、契約の解除等に係る権限は除かれる。

工事材料の検査

・設計図書において監督員の検査を受けて使用すべきものと指定された工事材料の当該検査に直接要する費用は、受注者の負担とする。

確認請求

・受注者は、工事の施工に当たり、以下の事実を発見したときは、その旨を直ちに監督員に通知し、その確認を請求しなければならない。
①図面、仕様書、現場説明書及び現場説明に対する質問回答書が一致しないこ

と。

②設計図書に誤謬《ごびゅう》・脱漏《だつろう》があること。

③設計図書の表示が明確でないこと。

④工事現場の形状、地質、湧水等の状態、施工上の制約等設計図書に示された自然的または人為的な施工条件と実際の工事現場が一致しないこと。

⑤設計図書で明示されていない施工条件について予期することのできない特別な状態が生じたこと。

賃金・物価の変動に基づく請負代金額の変更

- 発注者・受注者は、工期内で請負契約締結の日から 12 月を経過した後に賃金水準・物価水準の変動により請負代金額が不適当となったと認めたときは、相手方に対して請負代金額の変更を請求することができる。 注意 • 6月ではない！

損害の負担

- 工事目的物の引渡し前に、工事目的物・工事材料について生じた損害その他工事の施工に関して生じた損害については、原則として、受注者がその費用を負担する。
- 工事の施工に伴い通常避けることができない騒音、振動、地盤沈下、地下水の断絶等の理由により第三者に損害を及ぼしたときは、原則として、発注者がその損害を負担しなければならない。

受注者の催告によらない解除権

- 受注者は、発注者が設計図書を変更したために請負代金額が $\frac{2}{3}$ 以上減少したときは、直ちに契約を解除することができる。 注意 • $\frac{1}{3}$ ではない！

■公共建築数量積算基準

土工

- 土砂量は地山数量とし、掘削による増加、締固めによる減少は考慮しない。
- 杭の余長等による根切《ねぎ》り量の減少はないものとする。

コンクリート部材

- 鉄筋及び小口径管類によるコンクリートの欠除はないものとする。
- 鉄骨によるコンクリートの欠除は、所定の計算による鉄骨の体積分とする。

鉄筋

- フープ、スタラップの長さは、それぞれ柱、基礎梁、梁及び壁梁のコンクリートの断面の設計寸法による周長を鉄筋の長さとし、フックはないものとする。
- ガス圧接継手の加工のための鉄筋の長さの変化はないものとする。

鉄骨

- 溶接は原則として種類に区分し、溶接断面形状ごとに長さを求め、すみ肉溶接脚長 6 mm に換算した延べ長さを数量とする。
- ボルト類のための孔《あな》あけ、開先き加工及びスカラップ並びに柱・梁等の接続部のクリアランスによる鋼材の欠除は、原則としてないものとする。

一次 二次

Lesson 01 乗入れ構台、地盤調査・土質試験

圧密試験

熱い蜜は
（圧密試験）

ねばりが落ちる
（粘性土・沈下特性）

圧密試験により、粘性土の沈下特性を求めることができる。

乗入れ構台の計画

支柱

- 支柱の位置は、基礎・柱・梁及び耐力壁を避け、3 ～ 6 m 程度の間隔とする。
- 支柱の位置は、地下構造部の配置によって決める。

注意 • 施工機械や車両の配置ではない！

- 乗入れ構台の支柱と山留《やまど》めの切梁《きりばり》支柱は、荷重に対する安全性を確認したうえで兼用することができる。

幅員

- 通常、4 ～ 10 m とし、車の走行を 2 車線とする場合は 6 m 以上、一方通行とする場合は 4 m 以上とする。
- 構台の幅が狭いときは、交差部に、車両が曲がるための隅切りを設ける。
- 構台に曲がりがある場合、車両の回転半径を検討し、コーナー部の所要寸法を考慮して構台の幅員を決定する。

高さ

- 大引《おおびき》下端《したば》が床スラブ上端より 20 ～ 30 cm 程度上になるようにする。

スロープ

- スロープの勾配は、一般に $\frac{1}{10}$ ～ $\frac{1}{6}$ 程度にする。

構台の大引材や根太材の構造計算
- 強度検討のほかに、たわみ量についても検討する。

作業荷重
- 自重と積載荷重の合計の 10 %とする。

積載荷重の偏り
- 構台全スパンの 60 %にわたって分布するものと仮定する。

地震力
- 震度法により静的水平力として構造計算する場合、水平震度を 0.2 とする。

■地盤調査

常時微動測定	• 地盤の卓越周期と増幅特性を推定することができる。
電気検層（比抵抗検層）	• ボーリング孔近傍の地層の変化を調査することができる。
オーガーボーリング	• 粘性土・砂質土の浅い深さの地盤構成を調査することができる。
孔内水平載荷試験	• 地盤の強度・変形特性を求めることができる。

■土質試験

試験名	得られる事項
粒度試験	• 細粒分含有率等の粒度特性 • 透水係数の概略値
液性限界・塑性《そせい》限界試験	• 土の物理的性質 • 塑性図を用いた土の分類
一軸圧縮試験	• 一軸圧縮強度 • 粘性土のせん断強度
三軸圧縮試験	• 粘性土のせん断強度
圧密試験	• 粘性土地盤の沈下特性 注意 • 砂質土ではない！

一次 二次

Lesson 02 土工事、地下水処理

ヒービング

ど暑い日々
（土圧・ヒービング）
地下のスイカは
（地下水位低下）
役に立たない

土圧によって生じるヒービングには、ウェルポイントなどによる地下水位低下策は役立たない。

■異常現象

ヒービング	• 軟弱な粘性土地盤を掘削する際に、山留め壁の背面土のまわり込みにより掘削底面の土が盛り上がる現象。
ボイリング	• 掘削底面付近の砂地盤に上向きの水流が生じ、砂が持ち上げられ、掘削底面が破壊される現象。
クイックサンド	• 砂質土のように透水性の大きい地盤で、地下水の上向きの浸透力が砂の水中での有効重量より大きくなり、砂粒子が水中で浮遊する状態。
パイピング	• 水位差のある砂質地盤中にパイプ状の水みちができて、砂混じりの水が噴出する現象。
盤ぶくれ	• 掘削底面やその直下に難透水層があり、その下にある被圧地下水により掘削底面が持ち上がる現象。

ヒービング

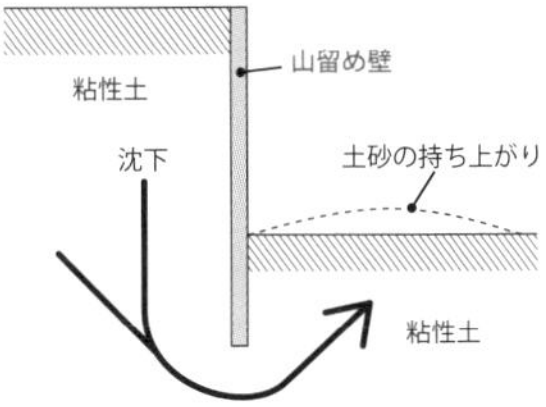

ボイリング

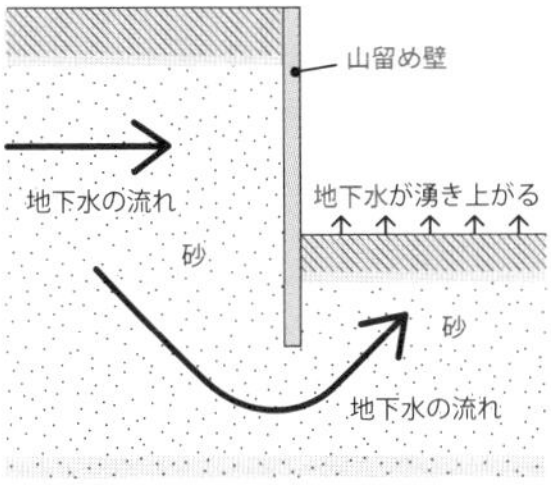

盤ぶくれ

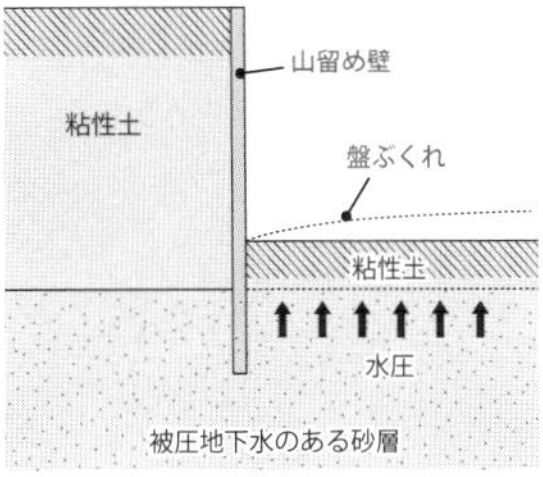

■ヒービングの発生防止対策

- 剛性の高い山留め壁の根《ね》入《い》れを深くする。

■ボイリング・盤ぶくれの発生防止対策

- ディープウェルやウェルポイントなどにより、地下水位を低下させる。
- 止水性の高い山留め壁の根入れを深くする。

■地下水処理工法

釜場《かまば》工法	• 根切り部への浸透水や雨水を根切り底面に設けた釜場に集め、ポンプで排水する工法。
ディープウェル工法	• 砂層や砂礫層等、透水性のよい地盤の地下水位を低下させる場合に用いられる。
ウェルポイント工法	• 透水性の高い粗砂層から低いシルト質細砂層程度の地盤に用いられる。
止水工法	• 山留め壁や薬液注入などにより、掘削場内への地下水の流入を遮断する工法。
リチャージ工法	• 排水に伴う周辺の井戸枯れの防止に有効であるが、水質が問題になることがある。

プラスα　根切り工事

- 手掘りにより砂からなる地山を掘削する場合は、掘削面の勾配を 35 度以下、または掘削面の高さを 5 m 未満とする。

一次

Lesson 03 山留め工事

ソイルセメント柱列山留め壁

ソリを入れた硬派の不良は
（ソイルセメントの硬化不良部分）
背中に薬を注入
（背面地盤に薬液注入）

ソイルセメントの硬化不良部分には、背面地盤への薬液注入などの処置をする。

■ソイルセメント柱列山留め壁

- 多軸のオーガーで施工する場合、大径の玉石や礫が混在する地盤では、先行削孔併用方式を採用する。
- 山留め壁の構築部に残っている既存建物の基礎を先行解体するためのロックオーガーの径は、ソイルセメント施工径より大きい径のものとする。
- 掘削土が粘性土の場合は、砂質土と比較して掘削攪拌《かくはん》速度を遅くする。
- ソイルセメントの硬化不良部分は、モルタル充填や背面地盤への薬液注入などの処置をする。
- ソイルセメントの中に挿入する心材としては、H 形鋼などが用いられる。
- H 形鋼や鋼矢《や》板《いた》などの応力材は、付着した泥土を落とし、建込み用の定規を使用して建て込む。
- セメント系注入液と混合攪拌する原位置土が粗粒土になるほど、ソイルセメントの一軸圧縮強度は大きくなる。

■水平切梁工法

- 切梁に導入するプレロードは、設計切梁軸力の 50 ～ 80 %程度に相当する荷重とする。

注意 • 100 %ではない！

- 切梁にプレロードを導入するときは、切梁交差部の締付けボルトを緩めた状態で行う。
- 集中切梁とする方法は、根切り及び躯体の施工能率の向上に効果がある。
- 井形に組む格子状切梁方式は、一般に掘削平面が整形な場合に適している。
- 鋼製切梁では、温度応力による軸力変化について検討する必要がある。

■親杭横矢板水平切梁工法

- プレボーリングで親杭を設置する際に、親杭の受働抵抗を十分に発揮させるため、杭の根入れ部分にはセメントベントナイト液を注入する。
- 親杭の杭心位置の精度を確保するため、間隔保持材を用いたガイド定規・建込み定規を用いる。
- 山留め壁からの水平荷重を均等に受けるため、腹起しと親杭の間に裏込め材を設置する。
- 横矢板の設置後、打音等により矢板の裏込め材の充填《じゅうてん》状況を確認の上、親杭と横矢板との間にくさびを打ち込んで裏込め材を締め付け、安定を図る。

■山留め管理のための計器

油圧式荷重計	• 切梁と腹起しの接合部や、火打梁の基部に設置する。
ひずみ計	• H 形鋼を用いた切梁の軸力を計測するために、2 台を対としてウェブ両面に設置する。
傾斜計	• 山留め壁の変形を計測する場合には、山留め壁下端の変位量に注意する。
壁面土圧計	• 土圧計受圧面に集中荷重が作用して、大きな応力値を示す場合があるので注意する。

- 山留め壁周辺の地盤の沈下を計測するための基準点は、工事の影響を受けない付近の構造物に設置する。
- 山留め壁の頭部の変位を把握する場合は、トランシットやピアノ線を用いて計測する。

一次 二次

Lesson 04 杭地業

打込み杭工法

悔いが広がる
(1 群の杭は)

中から外へ
(中心部から周辺部へ打ち込む)

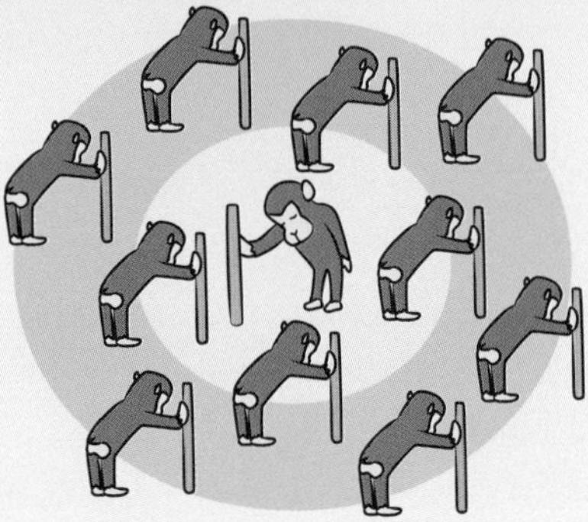

打込み杭工法で 1 群の杭を打つときは、中心部の杭から周辺部の杭へと、順に打ち込む。

■既製コンクリート杭の施工

セメントミルク工法	• アースオーガーは掘削時及び引上げ時とも正回転とする。 • アースオーガーを引き上げる際には、負圧によって地盤を緩めないよう行う。 • 杭の設置は、根固め液注入の後に、圧入または軽打によって杭を根固め液中に貫入させる。 • 杭の自重だけでは埋設が困難な場合、杭の中空部に水を入れて重量を増し、安定させる。
中掘り工法	• 砂質地盤の場合、先掘り長さを杭径よりも小さくする。 注意 • 大きくするのではない！
打込み工法	• 1 群の杭の打込みは、なるべく群の中心から外側へ向かって打ち進める。

- 杭の施工精度は、傾斜を $\frac{1}{100}$ 以内とし、杭心ずれ量は杭径の $\frac{1}{4}$、かつ、100 mm 以下とする。
- 荷降ろしで杭を吊り上げる際には、安定するよう杭の支持点近くの 2 点で支持して吊り上げるようにする。注意・杭の両端ではない！
- 杭に現場溶接継手を設ける際には、原則としてアーク溶接とする。

■場所打ちコンクリート杭の施工

アースドリル工法	• 鉄筋かごのスペーサーは、D 13 以上の鉄筋を用いる。 • 安定液は、必要な造壁性があり、できるだけ低粘性・低比重のものを用いる。 • 地下水がなく孔壁が自立する地盤では、安定液を使用しないことができる。 • 掘削深さの確認は、検測器具を用いて孔底の 2 箇所以上で検測する。 • 杭頭部の余盛り高さは、孔内水がない場合は 50 cm 以上、孔内水がある場合は 80 ～ 100 cm 程度とする。 • 掘削終了後、鉄筋かごを建て込む前に 1 次孔底処理を行い、有害なスライムが残留している場合には、コンクリートの打込み直前に 2 次孔底処理を行う。
リバース工法	• 孔内水位を地下水位より 2 m 以上高く保つ。 • 2 次孔底処理は、一般にトレミー管とサクションポンプを連結し、スライムを吸い上げて排出する。
オールケーシング工法	• コンクリート打設中は、ケーシングチューブの先端を常にコンクリート上面より 2 m 以深に保持する。 • 孔底処理は、孔内水がない場合やわずかな場合には、ハンマーグラブにより掘りくずを除去する。 • スライム量が多い場合の 2 次スライム処理は、エアリフトによる方法や水中ポンプによる方法で行う。

- 杭頭部の余盛り高さは、孔内水がない場合は 50 cm 以上、孔内水がある場合は 80 ～ 100 cm 程度とする。

プラスα　鉄筋かご

- 鉄筋かごの主筋と帯筋は、原則として鉄線結束で結合する。

一次

Lesson 05 鉄筋の継手・定着

梁主筋の重ね継手

隣り合う握手
(隣り合う継手)
握った手の半分か
(重ね継手長さの 0.5 倍)
1.5 倍ずらして
(1.5 倍)

梁の主筋を重ね継手とする場合、隣り合う鉄筋の継手中心位置は、重ね継手長さの約 0.5 倍か 1.5 倍以上ずらす。

鉄筋の継手

- D 35 以上の鉄筋には、原則として、重ね継手を用いない。
- 径の異なる鉄筋を重ね継手とする場合、重ね継手長さは、細いほうの径により算定する。
- 180°フック付き重ね継手とする場合、重ね継手の長さはフックの折曲げ開始点間の距離とする。
- 梁の主筋を重ね継手とする場合、水平重ね・上下重ねのいずれでもよい。
- 梁の主筋を重ね継手とする場合、隣り合う鉄筋の継手中心位置は、重ね継手長さの約 0.5 倍か 1.5 倍以上ずらす。 注意 • 1.0 倍ではない！
- 柱に用いるスパイラル筋の重ね継手の長さは、50 d 以上、かつ、300 mm 以上とする。
- 腹筋に継手を設ける場合の継手長さは、150 mm 程度とする。
- 壁縦筋の配筋間隔が下階と異なる場合、重ね継手は鉄筋を折り曲げずにあき重ね継手とすることができる。

■鉄筋の機械継手

端部ねじ継手	• 端部をねじ加工した異形鉄筋、あるいは加工したねじ部を端部に圧接した異形鉄筋を使用し、雌ねじ加工されたカップラーを用いて接合する工法。
ねじ節継手	• 鉄筋表面の節がねじ状に熱間成形されたねじ節鉄筋を使用し、雌ねじ加工されたカップラーを用いて接合する工法。
圧着継手	• 端部に鋼管（スリーブ）をかぶせた後、外側から加圧して鉄筋表面の節にスリーブを食い込ませて接合する工法。
充填継手	• 内面に凹凸のついた比較的径の大きい鋼管（スリーブ）に異形鉄筋の端部を挿入した後、スリーブ内に高強度の無収縮モルタル等を充填して接合する工法。

鉄筋の定着

- 梁主筋を柱にフック付き定着とする場合、定着長さは鉄筋末端のフックを含まない長さとする。
- 梁の主筋を柱内に折曲げ定着とする場合、仕口面からの投影定着長さは、柱せいの $\frac{3}{4}$ 倍以上とする。
- 種類と径が同じ大梁主筋の直線定着の長さは、コンクリートの設計基準強度が 21 N/mm² の場合のほうが、30 N/mm² の場合より長い。
- 大梁主筋に SD295 を用いる場合の直線定着の長さは、同径の SD390 を用いる場合より短い。
- 梁下端筋の柱梁接合部への定着は、原則として、梁下端筋を曲げ上げる形状で定着させる。
- 一般階における四辺固定スラブの下端筋の直線定着長さは、10 d 以上、かつ、150 mm 以上とする。
- 柱頭及び柱脚のスパイラル筋の末端の定着は、1.5 巻以上の添巻きとする。

■鉄筋の定着長さ

鉄筋の種類	コンクリートの設計基準強度（N/mm²）	直線定着の長さ
SD295	21	40 d
	30	35 d
SD390	21	50 d
	30	40 d

一次 二次

Lesson 06 鉄筋の加工・組立て

フックの余長

苦渋するヒミコの
（90°・135°）
肩を持つスラブ人
（片持ちスラブ）
勝手に自由に呼んで
（壁筋自由端・4 d 以上）

片持ちスラブ先端、壁筋の自由端側の先端で 90° フックまたは 135° フックを用いる場合は、余長を 4 d 以上とする。

■鉄筋の加工寸法の許容差

鉄筋の種類		許容差
主筋	D25 以下	± 15mm
	D29 ～ D41	± 20mm
あばら筋・帯筋・スパイラル筋		± 5mm

■鉄筋相互のあき

- 以下のうちの最大のもの以上とする。

①粗骨材の最大寸法の 1.25 倍
②25 mm
③隣り合う鉄筋の平均径の 1.5 倍
（径は鉄筋の呼び名）

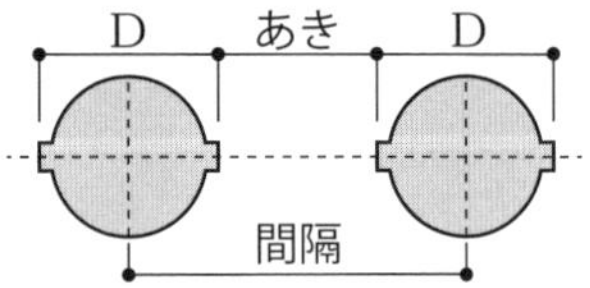

鉄筋の折り曲げ形状・寸法

曲げ形状	曲げ角度	鉄筋の種類	鉄筋の径による区分	鉄筋の折曲げ内法直径（D）
180°　フック 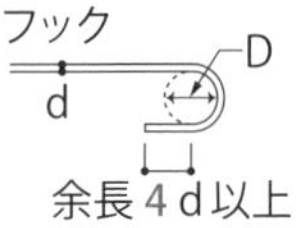 135°　フック 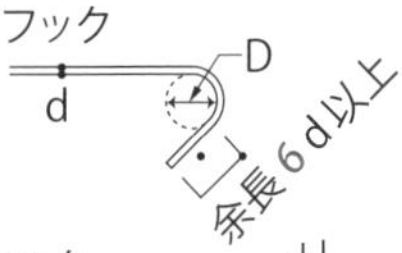 90°　フック 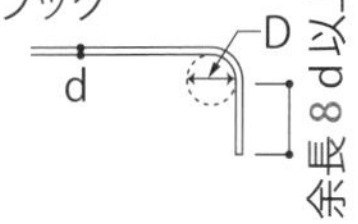	180° 135° 90°	SD295 SD345	D 16 以下	3 d 以上
			D 19 ～ D 38	4 d 以上
		SD390	D 19 ～ D 38	5 d 以上

末端部にフックが必要なもの

① 柱主筋の重ね継手が四隅にあり、その隅が出隅《ですみ》となっているもの
② 梁主筋の重ね継手が、梁の出隅にあるもの（基礎梁を除く）
③ 杭基礎のベース筋
④ 帯筋、あばら筋、幅止め筋

■床スラブ開口部の補強筋

- 一般スラブに設ける一辺が 500 mm 程度の開口部補強は、開口によって切断される鉄筋と同量の鉄筋で周囲を補強し、斜め補強筋を配する。
- 床開口部補強のための斜め補強筋は、上端《うわば》筋及び下端《したば》筋の内側にそれぞれ配筋する。

プラスα　片持ちスラブ先端等のフックの余長

- 片持ちスラブ先端、壁筋の自由端側の先端で 90° フックまたは 135° フックを用いる場合は、余長を 4 d 以上とする。

一次 二次

Lesson 07 鉄筋のガス圧接

圧接継手に関する長さとふくらみ

1対1の
(1.1d 以上)
圧迫面接だが
(圧接部の長さ)
いーように
(1.4d 以上)
ふくらむ期待
(圧接部のふくらみ直径)

圧接継手では、圧接部の長さは 1.1 d 以上、
圧接部のふくらみ直径は 1.4 d 以上とする。

■技量資格者

<table>
<tr><th rowspan="2">技量資格</th><th colspan="2">圧接作業可能範囲</th></tr>
<tr><th>種　類</th><th>鉄筋径</th></tr>
<tr><td>1種</td><td rowspan="4">SR235、SR295
SD295
SD345
SD390
SD490（3種または4種で可能）</td><td>径 25 以下、呼び名 D 25 以下</td></tr>
<tr><td>2種</td><td>径 32 以下、呼び名 D 32 以下</td></tr>
<tr><td>3種</td><td>径 38 以下、呼び名 D 38 以下</td></tr>
<tr><td>4種</td><td>径 50 以下、呼び名 D 51 以下</td></tr>
</table>

※ SD 490 の鉄筋を圧接する場合は、施工前試験を行う。

■圧接端面

- 圧接端面は平滑に仕上げ、ばり等を除去するため、その周辺を軽く面取りする。
- 圧接端面の処理は、原則として、圧接作業当日に行う。
- 圧接端面の加工を圧接作業の当日より前に行う場合には、端面保護剤を使用する。
- 圧接端面間のすき間は、鉄筋径にかかわらず、2 mm 以下とする。

■圧接作業

- 鉄筋の圧接部の加熱は、圧接端面が密着するまでは還元炎で行い、その後は中性炎で加熱する。
- 加熱中に加熱を中断した場合は、原則として、圧接部を切り取り、再圧接する。
- 圧接端面相互が密着した後に火炎に異常があった場合は、火炎を再調節して作業を行ってもよい。

圧接継手に関する主な規定

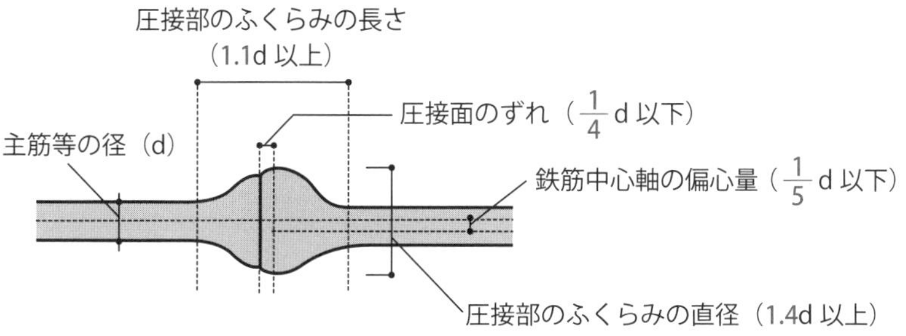

プラスα　鉄筋の長さ方向の縮み量

- 圧接継手において考慮する鉄筋の長さ方向の縮み量は、鉄筋径の 1.0 ～ 1.5 倍である。

一次 二次

Lesson 08 型枠支保工

軽量型支保梁

軽い塩パン
(軽量型支保梁)

シチューはなしで
(支柱は必要ない)

軽量型支保梁は、両端部の支持のみにより荷重を受け、中間部の支柱を必要としないため、スラブ下に広い空間を確保できる。

■型枠材料の許容応力度

- 支柱として用いる鋼材の許容曲げ応力の値は、その鋼材の降伏強さの値または引張強さの値の $\frac{3}{4}$ の値のうち、いずれか小さい値の $\frac{2}{3}$ の値以下とする。
- 支保工以外の材料の許容応力度は、長期許容応力度と短期許容応力度の平均値とする。

■荷重・外力

- 固定荷重の計算に用いる型枠の重量は、0.4 kN/m^2 とする。
- 支柱に鋼管枠を使用する型枠支保工の構造計算を行う場合、作業荷重を含む鉛直荷重の $\frac{2.5}{100}$ に相当する水平荷重が作用するものとする。
- パイプサポートを支保工とするスラブ型枠の場合、打込み時に支保工の上端に作用する水平荷重は、作業荷重を含む鉛直荷重の 5 %とする。
- 型枠に作用する荷重及び外力に対し、型枠を構成する各部材それぞれの許容変形量は、2 mm 程度とする。

■側圧・たわみ

- コンクリート打込み高さが 1.5 m 以下の型枠の側圧は、フレッシュコンクリートの単位容積質量に重力加速度とフレッシュコンクリートのヘッドを乗じた値とする。
- コンクリート型枠用合板の曲げヤング係数は、長さ方向スパン用と幅方向スパン用では異なる数値とする。
- 合板せき板《いた》のたわみは、各支点間を単純梁として計算した値とする。
- 合板以外のせき板、根太、大引き等のたわみは、単純梁と両端固定梁として計算した値の平均値とする。
- コンクリート打込み時の側圧に対するせき板の許容たわみ量は、3 mm 以下とする。
- 大引のたわみは、単純支持と両端固定の支持条件で計算した値の平均値とする。

■型枠の加工・組立て

- 枠組の支保工は、負担する荷重が大きいので、コンクリートまたは十分に突き固めた地盤上に、敷角などを使用して設置する。
- パイプサポート以外の鋼管を支柱として用いる場合、高さ 2 m 以内ごとに水平つなぎを 2 方向に設ける。
- 支柱としてパイプサポートを 2 本継いで使用する場合、継手部は 4 本以上のボルトまたは専用の金具を用いて固定する。
- 支柱として用いるパイプサポートの高さが 3.5 m を超えるときは、高さ 2 m 以内ごとに水平つなぎを 2 方向に設ける。
- 支柱に鋼管枠を使用する場合、水平つなぎを設ける位置は、最上層及び 5 層以内ごととする。
- 支柱として用いる組立て鋼柱の高さが 4 m を超えるときは、高さ 4 m 以内ごとに水平つなぎを 2 方向に設ける。

プラスα 軽量型支保梁

- スラブ型枠の支保工に軽量型支保梁を使用する場合、支保梁の中間部を支柱で支持してはならない。

一次

Lesson 09 コンクリートの調合

コンクリートに含まれる塩化物

演歌で
(塩化物)

オーソレミオ
(0.30kg/m³)

コンクリートに含まれる塩化物は、原則として塩化物イオン量で 0.30 kg/m³ 以下とする。

■調合管理強度・調合強度

調合管理強度＝品質基準強度（設計基準強度）＋構造体強度補正値

- 構造体強度補正値は、セメントの種類及びコンクリートの打込みから材齢 28 日までの期間の予想平均気温の範囲に応じて定める。
- コンクリートの調合強度を定める際に使用するコンクリートの圧縮強度の標準偏差は、コンクリート工場に実績がない場合、2.5 N/mm² または調合管理強度× 0.1 のうち大きいほうの値とする。

■調合条件

水セメント比

普通・早強・中庸熱ポルトランドセメント 混合セメント A 種	65 %以下
低熱ポルトランドセメント 混合セメント B 種	60 %以下

- 水セメント比を小さくすると、コンクリート表面からの塩化物イオンの浸透に対する抵抗性を高めることができる。

単位水量

- 単位水量は、185 kg/m³ 以下とし、コンクリートの品質が得られる範囲内で、できるだけ小さくする。

単位セメント量

- 単位セメント量は、一般に 270 kg/m³ 以上とし、水セメント比及び単位水量から算出される値以上とする。 注意・250 kg/m³ ではない！
- 単位セメント量が過小の場合は、ワーカビリティーが悪くなり、水密性や耐久性の低下などを招きやすい。

塩化物量

- 塩化物イオン量として 0.3 kg/m³ 以下とする。

細骨材率

- 細骨材率が大きくなると、所定のスランプを得るのに必要な単位セメント量及び単位水量は大きくなる。
- 細骨材率が大きすぎると、流動性の悪いコンクリートとなるため、コンクリートの品質が得られる範囲で、できるだけ小さくする。

■アルカリ総量・AE 減水剤

- アルカリシリカ反応性試験で無害でないものと判定された骨材であっても、コンクリート中のアルカリ総量を 3.0 kg/m³ 以下とすれば使用することができる。
- 骨材に砕石や砕砂を使用し、スランプ 18 cm のコンクリートを調合する場合、単位水量を 185 kg/m³ 以下にするためには、高性能 AE 減水剤を使用するとよい。

■スランプ

普通コンクリートのスランプ

調合管理強度	スランプ
33 N/mm² 以上	21 cm 以下
33 N/mm² 未満	18 cm 以下

一次 二次

Lesson 10 コンクリートの運搬 打込み・締固め

練混ぜ開始から打込み終了までの時間

時短バイト

25 歳までは 2時間 OK
(25℃以下) (120 分以内)

25 歳超えたら 90 分までよ
(25℃超) (90 分以内)

コンクリートの練混ぜ開始から打込み終了までの時間は、外気温が 25 ℃以下の場合は 120 分、25 ℃を超える場合は 90 分を限度とする。

■コンクリートの荷卸し時の温度

暑中コンクリート	35 ℃以下
マスコンクリート	35 ℃以下
水密コンクリート	30℃以下
寒中コンクリート	10 ～ 20℃

■コンクリートの圧送

普通コンクリートを圧送する輸送管の呼び寸法

粗骨材の最大寸法	輸送管の呼び寸法
20 mm	100 A 以上
25 mm	
40 mm	125 A 以上

- コンクリートの圧送に先立ち圧送される先送りモルタルは、品質を低下させるおそれがあるので、型枠内には打ち込まない。
- コンクリートの圧送負荷の算定に用いるベント管の水平換算長さは、ベント管の実長の 3 倍とする。
- 輸送管の水平配管は、型枠、配筋及び打ち込んだコンクリートに振動による有害な影響を与えないように、支持台や緩衝材を用いて支持する。

■練混ぜ開始から打込み終了までの時間

外気温 25℃以下	120 分以内
外気温 25℃超	90 分以内

- 高性能 AE 減水剤を用いた高強度コンクリートの練混ぜから打込み終了までの時間は、外気温にかかわらず、原則として、120 分を限度とする。

■打込み・締固め

- スランプ 18 cm 程度のコンクリートの打込み速度は、一般にコンクリートポンプ工法で打ち込む場合、20 ～ 30 m^3/h 程度である。
- 1 層の打込み厚さは、コンクリート内部振動機（棒形振動機）の長さを考慮して 60 cm 以下とする。
- コンクリート内部振動機（棒形振動機）の挿入間隔は、有効範囲を考慮して 60 cm 以下とする。
- コンクリート棒形振動機の加振は、セメントペーストが浮き上がるまでとし、1 箇所当たり 10 秒程度とする。

■打継ぎ

- 梁・スラブの鉛直打継ぎ部は、スパンの中央または端から $\frac{1}{4}$ 付近に設ける。
- 柱・壁の水平打継ぎ部は、スラブ・梁・基礎の上端に設ける。
- 打継ぎ面は、レイタンス等を取り除き、健全なコンクリートを露出させてから行う。

プラスα　打重ね時間

- 同一区画のコンクリート打込み時における打重ね時間は、先に打ち込まれたコンクリートの再振動可能時間以内とする。

一次 二次

Lesson 11 コンクリートの養生

湿潤養生

火を噴くマック
（被覆・噴霧・膜養生）
飛び散る汗水
（散水）

湿潤養生《ようじょう》の方法には、透水性の小さいせき板・養生マット・水密シートによる被覆、散水、噴霧、膜《まく》養生剤の塗布等がある。

■湿潤養生

- 打込み後のコンクリートは、透水性の小さいせき板による被覆、養生マット・水密シートによる被覆、散水、噴霧、膜養生剤の塗布等により、湿潤養生を行う。

湿潤養生の期間（計画供用期間の級は標準）

普通ポルトランドセメント 混合セメントA種	5日以上
早強ポルトランドセメント	3日以上
中庸熱ポルトランドセメント 低熱ポルトランドセメント 高炉セメントB種 フライアッシュセメントB種	7日以上

湿潤養生の開始

- 湿潤養生の開始時期は、コンクリート上面においてはブリーディング水が消失した時点とする。

- 連続的に散水を行って水分を供給する方法による湿潤養生は、コンクリートの凝結が終了した後に行う。
- 膜養生剤の塗布による湿潤養生は、ブリーディングが終了した後に行う。

湿潤養生の打切り

- コンクリート部分の厚さが 18 cm 以上の部材において、早強・普通・中庸熱ポルトランドセメントを用いる場合、コンクリートの圧縮強度が下記の値以上に達したことを確認すれば、湿潤養生期間終了以前であっても、以降の湿潤養生を打ち切ることができる。

計画供用期間の級	圧縮強度
短期・標準	10 N/mm^2 以上
長期・超長期	15 N/mm^2 以上

■養生温度

- 外気温の低い時期は、打込み後 5 日間（早強ポルトランドセメントは 3 日間）以上、コンクリートの温度を 2℃以上に保つ。

■寒中コンクリートの養生

初期養生

- 初期養生の期間は、打ち込まれたコンクリートの圧縮強度が 5 N/mm^2 に達するまでとする。

加熱養生

- 加熱養生中は、コンクリートが乾燥しないように散水などによって保湿する。

プラスα　せき板の最小存置期間

- コンクリートの圧縮強度によるせき板の最小存置期間は、圧縮強度が下記の値に達したときとする。

建築物の部分	圧縮強度
基礎・梁側・柱・壁	5 N/mm^2
スラブ下・梁下	コンクリートの設計基準強度の 50 %

一次 二次

Lesson 12 鉄骨の加工 高力ボルト接合

鉄骨の曲げ加工

鉄棒を

真っ赤になって曲げてるやつ
(赤熱状態)

青息吐いて
(青熱ぜい性域)

ゼイゼイいったら

ダメだよ！

加熱による曲げ加工は、通常、赤熱状態（850 ～ 900 ℃）で行い、青熱ぜい性域（200 ～ 400 ℃）で行ってはならない。

■鉄骨の加工

- 鋼材の曲げ加工は、青熱ぜい性域を避け、850 ～ 900 ℃の赤熱状態で行う。
- 厚さ 6 mm 以上の鋼板に外側曲げ半径が厚さの 10 倍以上となる曲げ加工を行う場合、加工後の機械的性質等が加工前の機械的性質等と同等以上であることを確かめなくてもよい。

■高力ボルト接合

高力ボルト孔

- 高力ボルト用の孔あけ加工は、ドリルあけとする。
- 溶融亜鉛めっき高力ボルトのボルト孔径は、高力ボルトの孔径と同じである。

摩擦面

- すべり係数 0.45 以上を確保するため、グラインダー処理後、一様に錆を発生させたものとする。

- ショットブラスト等により、表面あらさを 50 μ mRz 以上確保できれば、錆の発生は必要ない。

ボルトの長さ（締付け長さに加える長さ）

ねじの呼び	トルシア形高力ボルト	JIS 形高力ボルト 溶融亜鉛めっき高力ボルト
M 20	30 mm	35 mm
M 22	35 mm	40 mm
M 24	40 mm	45 mm

ボルトの組立て

- 肌すきが 1 mm を超える場合は、フィラープレートを用いて補う。
- ボルト頭部またはナットと接合部材の面が $\frac{1}{20}$ を超えて傾斜している箇所には、勾配座金《ざがね》を使用する。

締付け

- 1 次締め及び本締めは、ボルト 1 群ごとに継手の中央部より周辺部に向かって締め付ける。

1 次締付けトルク値

ねじの呼び	トルク値
M 20・M 22	150 N･m 程度
M 24	200 N･m 程度

締付け完了後の確認

- 締付け後の高力ボルトの余長は、ねじ山の出が 1 ～ 6 山までの範囲であることを確認する。
- ナット回転法による締付け完了後の検査は、1 次締付け後の本締めによるナット回転量が 120° ± 30° の範囲にあるものを合格とする。

プラスα　トルシア形高力ボルトの締付け

- トルシア形高力ボルトは、専用締付け機を使用して、ピンテールが破断するまで締め付ける。
- 締付け位置によって専用締付け機が使用できない場合には、JIS 形高力ボルトと交換し、トルクレンチなどを用いて締め付ける。

一次 二次

Lesson 13 鉄骨の溶接接合

風による条件

火を噴く銃
（被覆アーク溶接・10 m/s）
シールドに守られニッ！
（ガスシールドアーク半自動溶接・2 m/s）

防風装置なしで溶接作業を行うことができるのは、被覆アーク溶接で風速 10 m/s まで、ガスシールドアーク半自動溶接で風速 2 m/s までである。

■開先の加工

- 自動ガス切断または機械加工とし、精度不良のもの・著しい凹凸が生じたものは修正する。

■組立て溶接

- 冷間成形角形鋼管の角部など、大きな冷間塑性加工を受けた箇所への組立て溶接は避ける。
- 引張強さ 490 N/mm^2 以上の鋼材の組立て溶接を被覆アーク溶接とする場合は、低水素系溶接棒を使用する。
- 手溶接または半自動溶接を行う箇所の組立て溶接の最小ビード長さは、板厚が 6 mm 以下の場合は 30 mm、6 mm を超える場合は 40 mm とする。

■エンドタブ

- 溶接を自動溶接とする場合、エンドタブの長さは、手溶接より長くなる。

- 柱梁接合部にエンドタブを取り付ける場合は裏当て金に取り付け、接合部の母材に組立て溶接を行わない。
- 本溶接によって再溶融される場合は、エンドタブを開先内の母材に組立て溶接してもよい。
- エンドタブは、溶接後切除してグラインダーで平滑に仕上げる。

■完全溶込み溶接

- 裏当て金がある場合は、初層の溶接において継手部と裏当て金が十分溶け込むようにする。
- 部材の両面から溶接する場合、裏面側の初層溶接をする前に、裏はつりを行う。
- 突合せ継手の余盛り高さが 3 mm 以下の場合は、不陸がなければグラインダー仕上げを行わなくてよい。

■溶接施工上の留意事項

予熱

- 溶接後の冷却速度を遅くすることにより、低温割れの防止に効果がある。
- 予熱温度は、50 ～ 100 ℃程度とする場合が多い。

気温

- 作業場所の気温が－ 5 ℃未満の場合は、溶接を行わない。
- 作業場所の気温が－ 5 ℃以上 5 ℃以下の場合は、溶接線から 100 mm 程度の範囲を適切な方法で加熱して、溶接を行う。

風雨等

- 母材が濡れている場合や、溶接に影響を及ぼすような風が吹いている場合は、溶接を行わない。
- 風が吹いている場合は、防風装置のない場所では、作業を行わない。

溶接作業が可能な限度

被覆アーク溶接	風速 10 m/s まで
ガスシールドアーク半自動溶接	風速 2 m/s まで

プラスα　溶接部の表面割れ

- 割れの範囲の両端から 50 mm 以上をはつり取り、補修溶接する。

一次 二次

Lesson 14 鉄骨の建方

ターンバックル付き筋かい

バックでターンの
(ターンバックル)
入れ直しはダメ
(建入れ直し)

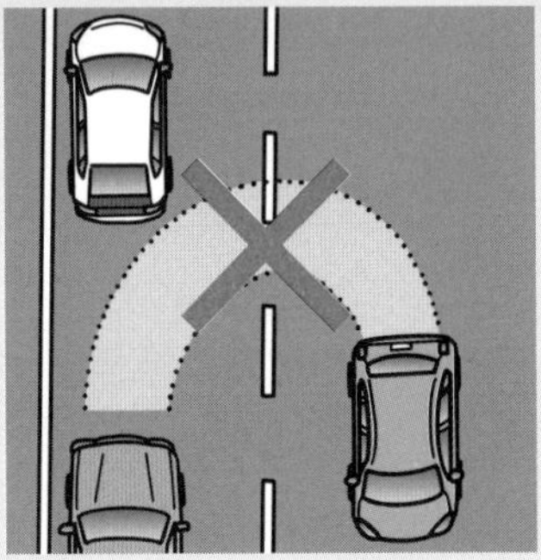

ターンバックル付き筋かいを用いて建入れ直しを行ってはならない。

■仮ボルトの締付け

- 仮ボルトの締付け本数は、本締めを行うときの高力ボルトの1群のボルト数の $\frac{1}{3}$ 以上、かつ、2本以上とする。

  注意 • 程度ではない！

- 柱梁接合部の混用接合または併用継手では、仮ボルトの締付け本数は、1群のボルト数の $\frac{1}{2}$ 以上、かつ、2本以上とする。

  注意 • $\frac{1}{3}$ 以上ではない！

- 柱の溶接継手のエレクションピースに使用する仮ボルトは、高力ボルトを使用して全数締め付ける。

  注意 • 普通ボルトではない！

■混用接合

- ウェブを高力ボルト工事現場接合、フランジを工事現場溶接接合とする混用接合は、原則として高力ボルトを先に締め付け、その後溶接を行う。

エレクションピースの仮ボルト

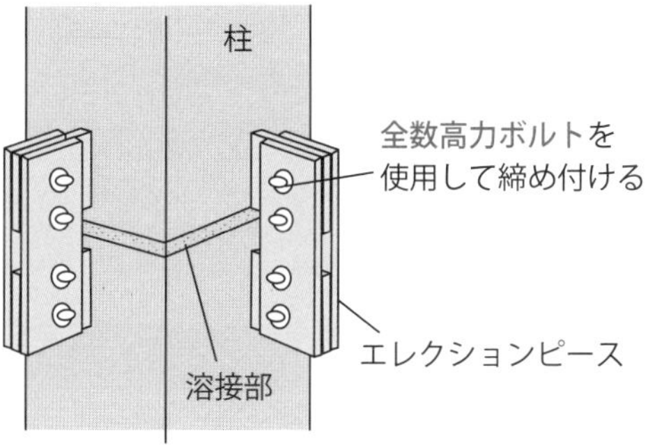

■建方《たてかた》の留意事項

- トラスなど重心の求めにくい部材には、危険防止のため重心位置を明示する。
- 建方時の予期しない外力に備えて、1日の建方終了ごとに所定の補強ワイヤを張る。
- 梁の高力ボルト接合では、梁の上フランジのスプライスプレートをあらかじめはね出しておき、建方を容易にする。
- 本締め前の梁上に材料を仮置きする場合は、水平外力に対する補強ワイヤの確認を行う。

■建《たて》入《い》れ直し

- 本接合に先立ち、ひずみを修正し、建入れ直しを行う。
- ターンバックル付き筋かいを有する構造物においては、その筋かいを用いて建入れ直しを行ってはならない。
- 架構の倒壊防止用に使用するワイヤロープは、そのまま建入れ直し用に兼用してもよい。
- スパン間の計測寸法が正規より小さい場合は、ワイヤによる建入れ直しの前に、梁の接合部のクリアランスへのくさびの打込み等により押し広げてスパンを調整する。
- 筋かい補強作業は、必ず建方当日に行う。

プラスα　建方精度

- 建方精度の測定に当たっては、日照による温度の影響を考慮する。

第❶部 ゴロ合わせ編
第❸章 躯体施工

一次

Lesson 15 木工事、耐震改修工事

ドリフトピンの孔の径

ドリフトに
(ドリフトピン)
誤差は許されない
(許容誤差±0 mm)

ドリフトピンの孔の径の許容誤差は、±0 mm、つまり、ピンと孔の径は同径となる。

■大断面集成材の許容誤差

ボルト孔の間隔	±2 mm
ドリフトピンの孔の径	±0 mm
柱材の長さ	±3 mm
梁材の曲がり	長さの $\frac{1}{1000}$ 以下

■ボルト孔の径

ボルトの呼び径	軸径に加える値
M 16 未満	1 mm
M 16 以上	1.5 mm

木質軸組構法

- 1 階及び 2 階の上下同位置に構造用面材の耐力壁を設ける場合は、胴差し部において、構造用面材相互間に、原則として、6 mm 以上のあきを設ける。
- 接合金物のボルトの締付けは、座金が木材へ軽くめり込む程度とし、工事中、木材の乾燥収縮により緩んだナットは締め直す。

現場打ち鉄筋コンクリート耐震壁の増設工事

- 打継ぎ面となる範囲の既存構造体コンクリート面は、目荒しを行う。
- 既存構造体にあと施工アンカーが多数埋め込まれる増設壁部分に用いる割裂補強筋には、スパイラル筋またははしご筋を用いる。
- 壁上部と既存梁下との間に注入するグラウト材の練上り時の温度は、練り混ぜる水の温度を管理し、10 ～ 35 ℃の範囲とする。
- 既存梁下と増設壁上部とのすき間のグラウト材の注入は、予定した部分を中断することなく 1 回で行う。
- グラウト材の充填は、空気抜きからグラウト材が出ることで確認する。

柱補強工事

溶接金網巻き工法

- 柱の外周部は、コンクリートの巻き立て部分の厚さを60～150 mmとする。
- 溶接金網は分割して建て込み、金網相互の接合は重ね継手とする。

溶接閉鎖フープ巻き工法

- フープ筋のコーナー部の折曲げ内法直径は、フープ筋の呼び名の数値の 3 倍以上とする。
- フープ筋の継手は片側フレア溶接とし、溶接長さはフープ筋の呼び名の数値の 10 倍以上とする。

鋼板巻き工法

- 角形の角部の鋼板の曲げ加工は、内法半径を板厚の 3 倍以上とする。

連続繊維補強工法

- 躯体表面を平滑にするための下地処理を行い、隅角部はR状に面取りする。
- 炭素繊維シートを用いたシート工法において、シートの水平方向の重ね継手位置は柱の各面に分散させ、重ね長さは 200 mm 以上とする。

一次 二次

Lesson 16 建設機械

湿地ブルドーザー

帯幅広げて
(履帯幅)
おせちは小さく
(接地圧)

湿地ブルドーザーは、履帯《りたい》幅を広くして接地面積を大きくし、平均接地圧を小さくしたものである。

■建設用リフト

- 荷のみを運搬することを目的とするエレベーターで、土木、建築等の工事の作業で使用される。 注意 • 人を運搬することは目的としない！
- 組立て・解体の作業を行う場合、作業を指揮する者を選任して、その者の指揮のもとで作業を実施する。
- 建設用リフトの運転者を、搬器を上げたままで運転位置から離れさせてはならない。
- 建設用リフトの定格速度とは、搬器に積載荷重に相当する荷重の荷をのせて上昇させる場合の最高の速度をいう。
- 停止階には、荷の積卸口に遮断設備を設ける。

■ロングスパン工事用エレベーター

- 搬器には、周囲に堅固な手すりを設け、手すりには中さん及び幅木を取り付ける。
- 搭乗席には、高さ 1.8 m 以上の囲い及び落下物による危害を防止するための堅固なヘッドガードを設ける。
- 搬器の傾きが、$\frac{1}{10}$ の勾配を超えないうちに動力を自動的に遮断する装置を設ける。　注意・ $\frac{1}{8}$ の勾配を超えた場合ではない！
- 定格速度が 0.75 m/s を超える場合、次第ぎき非常止め装置を設ける。
- 安全上支障がない場合には、搬器の昇降を知らせるための警報装置を備えないことができる。
- 昇降路の出入口の床先と搬器の出入口の床先との間隔は、4 cm 以下とする。

■クレーン

- クレーンの定格荷重とは、つり上げ荷重からフックなどのつり具の重量に相当する荷重を除いた荷重のことである。
- クレーンによる作業は、10 分間の平均風速が 10 m/s 以上の場合は中止する。
- クレーンのブーム（ジブ）先端が地表から 60 m 以上の高さとなる場合は、原則として航空障害灯を設置する。

■送配電線からの最小離隔距離

電　路	送電電圧	最小離隔距離
配電線	6,600 V 以下	1.2（2.0）m
送電線	66,000 V 以下	2.2（4.0）m

（　）内は電力会社の目標値

■その他の建設機械

- ブルドーザーの平均接地圧は、全装備質量が同程度の場合、普通ブルドーザーより湿地ブルドーザーのほうが小さい。
- クラムシェルは、垂直掘削深さが 40 m 程度までの軟弱地盤の掘削に用いられる。
- ショベル系掘削機では、一般にクローラー式のほうがホイール式よりも登坂能力が高い。

プラスα　傾斜ジブ式タワークレーン

- 傾斜ジブ式タワークレーンは、重量物のつり上げに用いられ、狭い敷地で作業することができる。

一次 二次

Lesson 01 防水工事（1）

ストレッチルーフィングの増張り

スラブ人と
（スラブ）

ペットの取り合い
（パラペット）（取合い入隅部）

キャンと鳴いたら
（成形キャント材取付け後）

マジ　バリかわいい
（増張り）

露出防水絶縁工法における、スラブとパラペットとの取合い入隅《いりすみ》部の増張《ましば》りは、成形キャント材の取付け後に行う。

■アスファルト防水工事

低煙・低臭タイプのアスファルトの溶融温度

上限	240 ℃以下	下限	210 ℃程度

増張り

- 平場《ひらば》部のルーフィングの張付けに先立ち、出隅・入隅は幅 300 mm 程度のストレッチルーフィングを増張りする。
- コンクリートスラブの打継ぎ部は、絶縁用テープを張り付けた後、幅 300 mm 以上のストレッチルーフィングを増張りする。

平場の張付け

- 平場部のアスファルトルーフィング類の重ね幅は、縦横《たてよこ》とも 100 mm 以上とする。
- 重ね部が各層で同じ箇所にならないように張り付ける。

貫通配管回りの張付け

- 貫通配管回りに増張りした網状アスファルトルーフィングは、アスファルトで十分に目つぶし塗りを行う。

保護層の施工

- 露出防水絶縁工法において、平場部と立上り部で構成する入隅部に用いる成形キャント材は、角度 45 度、見付幅 70 mm 程度のものとする。
- 保護コンクリートには、伸縮調整目地内ごとに溶接金網を敷き込む。

■改質アスファルトシート防水トーチ工法

プライマー塗り

- ALC パネル下地のプライマーは、使用量を 0.4 kg/m^2 とし、はけで 2 回に分けて塗布する。

目地処理

- 露出防水密着工法において、ALC パネルの短辺接合部は、あらかじめ幅 300 mm 程度の増張り用シートを密着張りする。
- 絶縁工法による ALC パネル下地の短辺接合部は、あらかじめ幅 50 mm 程度の絶縁用テープを張り付ける。
- 露出防水密着工法において、プレキャストコンクリート部材の接合目地部には、あらかじめ、部材の両側に 100 mm 程度ずつ張り掛けられる幅の増張り用シートを用いて絶縁増張りを行う。

平場の張付け

- 改質アスファルトシート相互の重ね幅は、長《なが》手《て》・幅方向とも 100 mm 以上とする。
- シートの 3 枚重ね部は、中間の改質アスファルトシート端部を斜めにカットする。
- 露出防水用改質アスファルトシートの重ね部は、砂面をあぶり、砂を沈めて重ね合わせる。

立上り部の張付け

- シートの張付けに先立ち、立上り部の出入隅角部に幅 200 mm 程度の増張り用シートを張り付ける。

プラスα　下地の入隅・出隅の形状

- 下地の入隅の形状は通りよく直角とし、出隅は通りよく 45 度の面取りとする。

一次 二次

Lesson 02 防水工事（2）

プライマー

美肌の秘訣は

プライマー
(プライマー)

ある種　パネー
(ALC パネル)

下地がALCパネルの場合も、接着剤を塗布する前にプライマーを塗る。

■合成高分子系ルーフィングシート防水

加硫ゴム系シート防水接着工法

- 張付けは、原則として、水上側のシートが水下側のシートの上になるように行う。
- 平場の接合部のシートの重ね幅は 100 mm 以上とし、立上りと平場との重ね幅は 150 mm 以上とする。
- ルーフィングシート相互の接合部は、接着剤とテープ状シール材を併用して接合する。
- 防水層立上り端部の処理は、テープ状シール材を張り付けた後にルーフィングシートを張り付け、末端部は押さえ金物で固定し、不定形シール材を充填する。
- 出隅角の処理は、シートの張付け前に非加硫ゴム系シートで増張りを行う。
- 2.0 mm 程度の厚塗り塗装仕上げを施した場合は、軽歩行に供することも可能である。

塩化ビニル樹脂系シート防水接着工法

- 下地が ALC パネルの場合、ALC パネル面にプライマーを塗布し、パネル短辺の接合部の目地部に、幅 50 mm 程度の絶縁用テープを張り付ける。
- 下地とシートの接着には、エポキシ樹脂系の接着剤を用い、接着剤は下地面のみに塗布する。
- シート相互の接合は、テトラヒドロフラン系溶剤による溶剤溶着または熱風融着とする。
- 接合部のシートの重ね幅は、幅方向・長手方向とも 40 mm 以上とする。
- 出入隅角の処理は、シートの張付け後に成形役物を張り付ける。

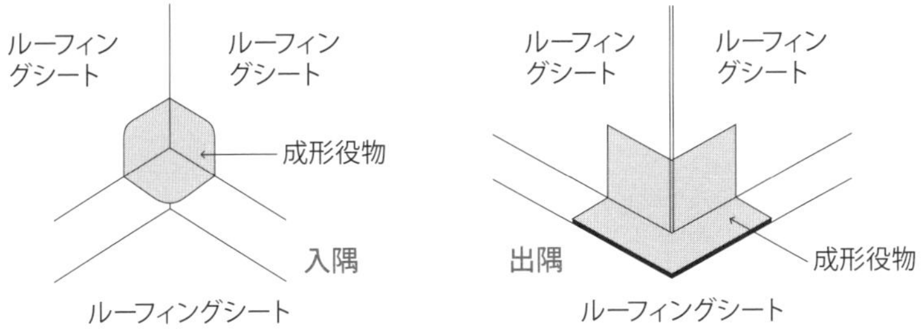

塩化ビニル樹脂系の出入隅角処理

■塗膜防水

ウレタンゴム系塗膜防水

- 防水層の下地からの水蒸気を排出するための脱気装置は、25 〜 100 m^2 に 1 箇所の割合で設置する。
- 通気緩衝シートの継目は突付けとし、突付け部分には 50 mm 以上の幅の接着剤付きポリエステル不織布または織布のテープを張り付ける。
- 防水材の塗継ぎの重ね幅は 100 mm 以上、補強布の重ね幅は 50 mm 以上とする。
- 施工の順序は、一般に立上り部 → 平たん部の順とする。
- 補強布を張り付けるときは、防水材を塗りながら張り付ける。
- 立上り部・ドレン回り・配管回りの補強布は、通気緩衝シートの上に 100 mm 程度張り掛けて防水材を塗布する。
- 防水材の総使用量は、硬化物密度が 1.0 Mg/m^3 の材料の場合、平場部では 3.0 kg/m^2、立上り部では 2.0 kg/m^2 とする。

ゴムアスファルト系塗膜防水

- 防水材の塗継ぎの重ね幅は、100 mm 以上とする。
- 室内平場部の総使用量は、固形分 60%のものを使用する場合、4.5 kg/m^2 とする。

一次

Lesson 03 シーリング工事

ワーキングジョイント

働く
(ワーキングジョイント)
ボンドを
(ボンドブレーカー)
2 面で

バックアップ
(バックアップ)

ワーキングジョイントは、バックアップ材やボンドブレーカーで2面接着とする。

■シーリングの選定

- ALCなど、表面強度が小さい被着体には、モジュラスの低いシーリング材を用いる。

■ワーキングジョイントの目地底

- 目地深さが所定の寸法より深い箇所は、バックアップ材を用いて、所定の目地深さになるように調整する。
- ワーキングジョイントに装填する丸形のバックアップ材は、目地幅より20～30%大きい直径のものとする。
- シリコーン系シーリング材を充填する場合のボンドブレーカーは、ポリエチレンテープとする。

  注意 • シリコーンコーティングされたテープではない！

■目地寸法

コンクリートの打継ぎ目地・誘発目地	幅 20 mm 以上・深さ 10 mm 以上
ガラス回り目地	幅・深さとも 5 mm 以上
上記以外	幅・深さとも 10 mm 以上

■シーリング工事の施工

- 一般に気温 15 ～ 20 ℃の無風状態が望ましく、被着体の温度が極端に低く、あるいは高くなるおそれがあるときは、施工を見合わせる。
- バックアップ材は、裏面粘着剤が付いているものは目地幅より 1 mm 程度小さいもの、粘着剤が付いていないものは目地幅より 2 mm 程度大きいものを使用する。
- マスキングテープは、プライマーの塗布前に張り付け、シーリング材の表面仕上げ直後に除去する。
- シリコーン系シーリング材の充填にあたり、充填箇所以外の部分にシーリング材が付着したときは、硬化後に拭き取る。
- シーリング材の充填は、交差部・コーナー部から行う。
- シーリング材の打継ぎ箇所は、目地の交差部及びコーナー部を避けて、そぎ継ぎとする。
- 打継ぎは、先打ちしたシーリング材が硬化した後に行う。
- コンクリートの打継ぎ目地等はノンワーキングジョイントで、3 面接着とする。
- ALC パネルに取り付けるサッシ回りの目地はワーキングジョイントで、2 面接着とする。

■打継ぎに適するシーリング材

先打ち	後打ち
シリコーン系	シリコーン系
ポリサルファイド系	変成シリコーン系
ポリウレタン系	ポリサルファイド系

一次 二次

Lesson 04 石工事、タイル工事

密着張り・圧着張り

みっちゃん
（密着張り）
すてきなヴィブラート
（ヴィブラート）
あっちゃん
（圧着張り）
木づちで音頭取り
（木づち）

密着張りは、タイル張り用振動機（ヴィブラート）を用いてタイルをモルタル中に埋め込み、圧着張りは木づちでたたき締める工法である。

■外壁張り石工事

湿式工法

- 引金物、だぼ・かすがい等に用いる金物は、材質はステンレスとし、石材の種類・厚さにより以下の径のものとする。

石厚 40 mm 未満の花こう岩・大理石・テラゾブロック	径 3.2 mm
石厚 40 mm 以上の花こう岩	径 4.0 mm

- 石材の金物用の穴は、上端の横目地合端に 2 箇所、以下の位置に設ける。

引金物用の穴	両端部より 100 mm 程度の位置
だぼ用の穴	両端部より 150 mm 程度の位置

- 流し筋工法の埋込みアンカーは、設置位置を 450 mm 程度の間隔とし、縦筋を通り良く設置する。

乾式工法

- 石材の形状は矩形（幅・高さ 1,200 mm 以下、重量 70 kg 以下）とし、石材 1 枚の面積は 0.8 m^2 以下とする。
- だぼ用の穴の位置は、石材の上端目地合端に 2 箇所、両端部より石材幅の $\frac{1}{4}$ 程度（石材の厚さの 3 倍以上）、板厚方向の中央とする。
- 乾式工法用のだぼの径は、以下のとおりとする。

ロッキング方式	径 4.0 mm
スライド方式	径 5.0 mm

- 目地幅は、特記がなければ、8 mm 以上とする。
- 石材裏面から躯体表面までの取付け代は、躯体の精度を ± 10 mm とし、70 mm を標準とする。

■壁のタイル張り工事

密着張り	• 下地面への張付けモルタルの塗付けは、2 度塗りとし、その合計の塗厚は 5 ～ 8 mm とする。 • 張付けは、目地割に基づき水糸を引き通し、上部から下部へ 1 段おきに張り付けた後に、間を埋めるようにする。 • 小口タイルの張付けは、振動工具による衝撃位置をタイルの両端と中間の 3 箇所とする。
改良積上げ張り	• 張付けモルタルは、下地モルタル面に塗厚 7 ～ 10 mm で塗り付ける。
改良圧着張り	• 張付けモルタルを下地面側に 4 ～ 6 mm、タイル裏面に 3 ～ 4 mm の厚さで塗り、たたき押えを行い張り付ける。
マスク張り	• 張付けモルタルを塗り付けたタイルは、塗り付けてから 5 分以内に張り付ける。
モザイクタイル張り	• 張付けモルタルは、2 度塗りとし、1 度目は薄く下地面にこすりつけるように塗り、次いで張付けモルタルを塗り重ね、総塗厚を 3 ～ 5 mm とする。

プラスα　化粧目地詰め

- 化粧目地詰めは、タイル張付け後、24 時間以上経過したのち、張付けモルタルの硬化を見計らって行う。

一次 二次

Lesson 05 屋根工事

小はぜの折返し幅

こはぜのターン
(小はぜの折返し)
上はワン、ツー
(上はぜ・12 mm)
下ではイチゴ
(下はぜ・15mm)

小はぜ掛けは、上はぜを 12 mm 程度、下はぜを 15 mm 程度折り返す。

■金属板葺屋根工事

- 平葺の小はぜ掛けは、上はぜの折返し幅を 12 mm 程度、下はぜの折返し幅を 15 mm 程度とする。
- 平葺の吊子は、葺板と同種同厚の材とし、幅 30 mm、長さ 70 mm 程度とする。
- 横葺の葺板の継手位置は、縦に一直線状とならないよう千鳥に配置する。
- 立て平葺の棟部は、溝板のはぜ締め後、はぜを水平に倒して折り上げ、立上げ部分の先端に水返しを付け、棟覆いを取り付ける。

■心木なし瓦棒葺

- 軒先と平行に張り付ける下葺きアスファルトルーフィングは、流れ方向の重ね幅を 100 mm とし、ステープル釘での仮止め間隔は 300 mm 程度とする。
- 一般部の葺き方は、通し吊子を 1 本置きに留め付けた後、溝板を並べ、キャップ掛けを行う。 注意 • すべて留め付けた後ではない！

- 通し吊子《つりこ》の鉄骨母屋への取付けは、平座金を付けたドリルねじで、下葺・野地板を貫通させ母屋に固定する。
- キャップは、溝板と通し吊子になじみよくはめ込み、均一かつ十分にはぜ締めを行う。
- 軒先の瓦棒の先端に設ける桟鼻《さんばな》は、キャップと溝板の立上がり部分でつかみ込んで取り付ける。
- けらばは、溝板のけらば端部を唐草につかみ込んで納める。
- 水上部分と壁との取合い部に設ける雨押えは、壁際立上がりを 120 mm 程度とする。
- 棟部の納めは、溝板の水上端部に八千代折とした水返しを設け、棟包みを取り付ける。
- 棟包みの継手は、できるだけ瓦棒に近い位置とする。
- けらば納めの端部の長さは、瓦棒の働き幅の $\frac{1}{2}$ 以下とする。

■金属製折板葺屋根工事

- 下葺きのルーフィング材は、上下（流れ方向）の重ね幅を 100 mm、左右（長手方向）の重ね幅を 200 mm とする。
- タイトフレームの下地への溶接は、タイトフレームの立上り部分の縁から 10 mm 残し、底部両側を隅肉溶接とする。
- 隅肉溶接のサイズは、タイトフレームの板厚と同じとする。
  注意 • 受梁の板厚ではない！
- タイトフレームの割付けは、両端部の納まりが同一となるように建物の桁行き方向の中心から行い、墨出しは通りよく行う。
- 端部用タイトフレームは、けらば包みの下地として、間隔を 600 mm 程度で取り付ける。
- 重ね形折板の重ね部分の緊結のボルトは、流れ方向の間隔を 600 mm 程度とする。
- けらば包みの継手は、60 mm 以上重ね合わせ、間に定形シール材を挟み込んで留める。
- 軒先の折板の先端部には、下底を 15 度程度曲げて尾垂《おだ》れを付ける。
- 軒先の落とし口は、折板の底幅より小さく穿孔し、テーパー付きポンチで押し広げ、5 mm の尾垂れを付ける。
- 水上部分の折板と壁との取合い部に設ける雨押えは、150 mm 以上立ち上げる。

一次 二次

Lesson 06 軽量鉄骨工事

野縁の間隔

おひとりさまのブチ
(シングル野縁)

下心あって　寒さに負けず
(下地張りあり)　(360 mm 程度)

されど　意気地なし
(300 mm 程度)(下地張りなし)

シングル野《の》縁《ぶち》の間隔は、下地張りがある場合は 360 mm 程度、下地張りがない場合は 300 mm 程度とする。

■特定天井

- 勾配屋根における吊り材は、天井面鋼製部材を鉛直方向に支持するように設置する。
- 吊り材は、天井面の面積 1 m^2 当たり 1 本以上とし、釣合いよく配置する。
- 野縁受けの接合は、相互にジョイントを差し込んだうえでねじ留めとし、ジョイント部を 1 m 以上の間隔で千鳥状に配置する。
- 地震時に有害な応力集中を生じさせないため、天井面の段差部分にクリアランスを設ける。

■軽量鉄骨天井下地（特定天井を除く）

- 野縁受、吊りボルト及びインサートの間隔は、900 mm 程度とする。
- 吊りボルトの間隔が 900 mm を超えた場合は、吊りボルトの間に水平つなぎを架構し、中間から吊りボルトを下げる 2 段吊りとする。

- 下がり壁、間仕切壁等を境として、天井に段違いがある場合は、2,700 mm 程度の間隔で斜め補強を行う。
- 天井のふところが 1,500 mm 以上ある場合、吊りボルトは、縦横方向に間隔 1.8 m 程度で補強部材を配置して水平補強を行う。
- 下地張りのある天井仕上の野縁は、ダブル野縁を 1,800 mm 程度の間隔とし、その間に 4 本のシングル野縁を間隔をそろえて配置する。

■軽量鉄骨壁下地

スタッドの高さと種類

高　さ	種　類
4.0 m 以下	65 形
4.0 m を超え 4.5 m 以下	90 形

- スタッドは、上部ランナーの上端とスタッド天端のすき間が 10 mm 以下となるように切断する。
- スタッドの建込み間隔の精度は、± 5 mm とする。
- ボード 2 枚張りとする間仕切壁のスタッドの間隔は、450 mm 程度とする。
- スタッドの上下は、ランナーに差し込む。
- ランナーは、両端部を端部から 50 mm 内側で固定し、中間部は 900 mm 間隔で固定する。
- 鉄骨梁に取り付く上部ランナーは、耐火被覆工事の後、あらかじめ鉄骨梁に取り付けられた先付け金物に溶接で固定する。
- 軽量鉄骨天井下地の野縁と平行となる上部ランナーは、野縁受に溶接で固定する。
- 上部ランナーが軽量鉄骨天井下地に取り付けられる間仕切壁の出入口開口部の縦の補強材は、上端部を梁下・スラブ下に固定する。

  注意 • ランナーに固定するのではない！
- 振れ止めは、床ランナーの下端から間隔約 1,200 mm ごとに取り付け、上部ランナーの上端から 400 mm 以内に位置するものは取付けを省略できる。
- 上下のランナーの間隔が 3 m の軽量鉄骨壁下地に取り付ける振れ止めの段数は、2 段とする。
- スペーサーは、スタッドの端部を押さえ、間隔 600 mm 程度に留め付ける。
- そで壁の端部は、スタッドに縦枠補強材と同材を添えて補強する。

  注意 • スタッド材を 2 本抱き合わせるのではない！

一次

Lesson 07 左官工事

複層仕上塗材

服装の仕上げ
（複層仕上塗材）
メリハリボディで
（凹凸）
惹きつけて
（吹付け工法）

複層仕上塗材を凹凸状に仕上げるためには、吹付け工法で施工する。

■内壁コンクリート下地のセメントモルタル塗り

- モルタルの収縮によるひび割れを防ぐため、できるだけ粒径の大きい骨材を用いる。
- モルタルの塗厚の合計は、20 mm を標準とする。
  注意 • 30 mm ではない！
- 総塗厚が25 mmを超える場合は、アンカーピンを打ち込んで金網を取り付け、補修塗りを行う。
- 下塗りは、吸水調整材を塗布後 1 時間以上おいた後に、乾燥を確認してから行う。
- 下地処理をポリマーセメントペースト塗りとした場合は、乾燥しないうちに下塗りを行う。
- 中塗りや上塗りの塗厚を均一にするため、下塗りの後に、むら直しを行う。

■モルタルの調合（容積比）

下塗り用	セメント 1：砂 2.5
むら直し・中塗り・上塗り用	セメント 1：砂 3

■防水形複層塗材 E 仕上げ

所要量と塗りの回数

下塗材		0.2 kg/m^2・1 回塗り
主材	基層塗り	1.7 kg/m^2・2 回塗り
	模様塗り	1.0 kg/m^2・1 回塗り
上塗材		0.3 kg/m^2・2 回塗り

- 増塗りは、主材塗りの前に、出隅、入隅、目地部、開口部まわり等に、ローラーにより行う。
- 凸部処理は、主材の模様塗り後 1 時間以内に行う。

注意 • 24 時間経過してからではない！

■主材の一般的な塗付け工法

種類（呼び名）	仕上げ形状	工　法
可とう形外装薄塗材 E	平坦状仕上げ	こて塗り工法
	さざ波状仕上げ	ローラー塗り工法
内装薄塗材 E	砂壁状じゅらく仕上	吹付け工法
	平坦状仕上げ	こて塗り工法
	さざ波状仕上げ	ローラー塗り工法
内装薄塗材 W	京壁状じゅらく仕上げ	吹付け工法
	平坦状仕上げ	こて塗り工法
内装厚塗材 C	スタッコ状仕上げ	吹付け工法・こて塗り工法
軽量骨材仕上塗材	砂壁状仕上げ	吹付け工法
	平坦状仕上げ	こて塗り工法
複層塗材 E	凹凸状仕上げ	吹付け工法
	ゆず肌状仕上げ	ローラー塗り工法
防水形複層塗材 E	ゆず肌状仕上げ	ローラー塗り工法

一次 二次

Lesson 08 建具工事

建具枠のアンカー

500 メートルリレーの
(500 mm 以下)
アンカーが逃げた
(両端から逃げた位置)

建具枠のアンカーは、両端から逃げた位置から、間隔を 500 mm 以下で取り付ける。

■鋼製建具

鋼製ドアの取付け精度

枠の対角寸法差	3 mm 以内
枠・戸のねじれ・反り・はらみ	2 mm 以内
枠の倒れ	2 mm 以内

鋼製フラッシュ戸

- 表面板の厚さは、1.6 mm とする。
- 中骨の間隔は、300 mm 程度とする。
- 表面板と中骨の固定は、溶接または構造用接合テープにより接合する。
- 外部に面する両面フラッシュ戸の見込み部は、下部を除いた 3 方を表面板で包む。

注意 • 上下を除いた 2 方向ではない！

出入口の枠類

- 丁番やピボットヒンジなどにより、大きな力が加わる部分の板厚は 2.3 mm とし、その他の部分は 1.6 mm とする。
- くつずりの板厚は、1.5 mm とする。
- 屋外及び屋内の水掛りとなる場合は、建具枠の組立ては溶接による。
- 屋内での枠の組立てにおいて、厚さ 2.3 mm の裏板補強をする場合は、小ねじ留めとすることができる。

■鋼製軽量建具に使用する鋼板の厚さ

戸の表面板	0.6 mm 以上
戸の力骨・中骨	1.6 mm

■アルミニウム製建具

- 補強材・力骨・アンカー等には、亜鉛めっき処理をした鋼材またはアルミニウム合金製のものを使用する。
- 表面処理が陽極酸化塗装複合皮膜のアルミニウム製部材は、モルタルに接する箇所の耐アルカリ性塗料塗りを省略できる。
- 建具の仕口の組立ては、シート状の成形シール材を挟んで、タッピンねじ止めとする。
- 突付け部には、シーリング材またはシート状の止水材を使用する。
- 枠・くつずり・水切り板等のアンカーは、両端から逃げた位置から、間隔を 500 mm 以下で取り付ける。
- 水切り・ぜん板は、厚さを 1.5 mm 以上とする。

  注意 • 1.2 mm ではない！
- 水切りと下枠との取合いは、建具枠まわりと同一のシーリング材を使用する。
- 外部建具周囲の充填モルタルの砂の塩分含有量は、NaCl 換算 0.04 %（質量比）以下とし、海砂は除塩する。

プラスα　排煙窓の手動開放装置操作部分

- 排煙窓の手動開放装置の操作部分を壁に取り付ける高さは、床面から 80 cm 以上、1.5 m 以下とする。

一次 二次

Lesson 09 塗装工事

工程間隔期間

常温で
（常温乾燥形ふっ素樹脂エナメル塗り）
熟れたメロン
（2 液形ポリウレタンエナメル塗り）
食べ頃は
16 時間後から 7 日以内
（16 時間以上 7 日以内）

常温乾燥形ふっ素樹脂エナメル塗り、2 液形ポリウレタンエナメル塗りの各工程の間隔は、16 時間以上 7 日以内とする。

■素地ごしらえ

木部（汚れ・付着物の除去→やに処理→研磨紙ずり）

- 透明塗料塗りの素地ごしらえにおいて、仕上げに支障のおそれがある甚だしい変色は、漂白剤を用いて修正する。

鉄鋼面（汚れ・付着物の除去→油類除去→錆落とし）

- 赤錆や溶接のスパッタは、ディスクサンダー、スクレーパー、ワイヤブラシ、研磨紙を用いて除去する。

亜鉛めっき鋼面（汚れ・付着物の除去→油類除去→化成皮膜処理）

- 付着性を向上させるためエッチングプライマーを塗布する。

せっこうボード面・その他ボード面
（乾燥→汚れ・付着物の除去→穴埋め・パテかい→研磨紙ずり）

- 吸込止めとして、反応形合成樹脂ワニスを全面に塗布する。

■木質系素地面の塗装工事

- 屋外の木質系素地面の木材保護塗料塗りにおいては、原液を使用する。

注意 • 希釈して使用するのではない！

■金属系素地面・コンクリート素地面の塗装工事

アクリル樹脂系非水分散形塗料塗り	• 下塗り・中塗り・上塗りともに同一材料を使用し、塗付け量はそれぞれ 0.10 kg/m^2 とする。 • 中塗りを行う前に研磨紙 P 220 ～ 240 を用いて研磨する。 【工程間隔時間（気温 20 ℃）】 • 3 時間以上
2 液形ポリウレタンエナメル塗り	• 塗料は所定の可使時間内に使い終える量を調合して使用する。 【工程間隔時間（気温 20 ℃）】 • 16 時間以上 7 日以内
常温乾燥形ふっ素樹脂エナメル塗り	• 亜鉛めっき鋼面の下塗りには、変性エポキシ樹脂プライマーを使用する。 • コンクリート素地面では、塗料を素地に浸透させるため、ローラーブラシ塗りとする。 【工程間隔時間（気温 20 ℃）】 • 16 時間以上 7 日以内
つや有合成樹脂エマルションペイント塗り	• 最終養生時間は、48 時間とする。 【工程間隔時間（気温 20 ℃）】 • 5 時間以上
合成樹脂エマルションペイント塗り	• 屋内の水掛り部分は、塗料の種類を 1 種とする。 • 塗料に流動性をもたせる場合は、水で希釈する。 【工程間隔時間（気温 20 ℃）】 • 3 時間以上

■錆止め塗料塗り

鉄鋼面	• 鉛・クロムフリー錆止めペイント 1 種を使用する。 【工程間隔時間（気温 20 ℃）】 • 24 時間以上 1 箇月以内
亜鉛めっき鋼面	• 1 液形変性エポキシ樹脂錆止めペイント、変性エポキシ樹脂プライマー、水系錆止めペイントを使用する。 【工程間隔時間（気温 20 ℃）】 • 24 時間以上 7 日以内

プラスα　施工温度

- 塗装場所の気温が 5 ℃以下の場合は、原則として、塗装を行わない。

一次

Lesson 10 内装工事（1）

流しのべ工法

厨房《ちゅうぼう》で滑《なめ》らかに
（厨房）　（平滑）

流しそうめん
（流しのべ工法）

流しのべ工法は、床を平滑に仕上げ、耐摩耗性や耐薬品性が求められる実験室や厨房に使用される。

■ビニル床シート・ビニル床タイル張り

- 張付けに先立って仮敷きを行い、室温で24時間以上放置して、床シートの巻きぐせをとる。
- 防湿層のない土間コンクリートへの床シートの張付けには、エポキシ樹脂系またはウレタン樹脂系接着剤を使用する。 注意 • ゴム系溶剤形ではない！
- 床シート・床タイルの張付けは、下地に接着剤を塗布した後、オープンタイムをとってから張り付ける。
- 床シートの張付けは、圧着棒を用いて空気を押し出すように行い、その後45 kgローラーで圧着する。
- 溶接作業は、床シートを張付け後12時間以上経過してから行う。
- 溶接部の床シートの溝部分と溶接棒は、180～200 ℃の熱風で加熱溶融し、圧着溶接する。
- 床シートを立ち上げて幅木とした場合、幅木天端は、シリコーンシーリング材等で処理する。

- 寒冷期の施工で、張付け時の室温が 5 ℃以下になることが予想されるときは、採暖を行い、室温を 10 ℃以上に保つ。
- 冬季低温時における床タイルの張付けは、バーナー等で床タイルを温めてから圧着する。

■合成樹脂塗床《ぬりゆか》

- コンクリート下地表面のぜい弱層は、研磨機などで削り取る。
- プライマーは、下地の吸込みが激しく塗膜とならない部分には、先に塗ったプライマーの硬化後に再塗布する。
- 合成樹脂を配合したパテ材や樹脂モルタルでの下地調整は、プライマーの乾燥後に行う。
- 下地調整に用いる樹脂パテは、塗床材と同質の樹脂とセメントなどを混合したものとする。
- エポキシ樹脂のコーティング工法のベースコートは、ローラーばけやスプレーで塗り付ける。 注意 • こてではない！
- ピンホールを防ぐため、直射日光が当たる部分には仮設の日除け設備を設置する。
- 薬品を使用する実験室の塗床は、平滑な仕上げとするため、流しのベ工法とする。

弾性ウレタン樹脂系塗床	• 弾性ウレタン樹脂系塗床材塗りは、塗床材を床面に流し、金ごてで平滑に塗り付ける。 • ウレタン樹脂の1回の塗布量は、2 kg/m^2 以下とする。
厚膜型エポキシ樹脂系塗床	• 主剤と硬化剤の 1 回の練混ぜ量は、30 分以内で使い切れる量とする。 注意 • 2 時間ではない！
エポキシ樹脂モルタル塗床	• 防滑仕上げに使用する骨材は、最終仕上げの 1 つ前の工程（トップコート 1 層目の塗布）と同時に均一に散布する。

プラスα 樹脂モルタル工法

- 樹脂モルタル工法は駐車場や機械室など、耐衝撃性や耐久性が必要な場所に用いる。

一次 二次

Lesson 11 内装工事（2）

接着材の盛上げ高さ

盛り上げよう！
（盛上げ高さ）
しり上がりに倍以上！
（仕上がり面・2 倍以上）

せっこう系直張り接着材の盛上げ高さは、仕上がり面までの高さの 2 倍以上とする。

■壁のせっこうボード張り

- ボードの下端部は、床面からの水分の吸上げを防ぐため、床面から 10 mm 程度浮かして張り付ける。
- 木製壁下地にせっこうボードを直接張り付ける場合、ボード厚の 3 倍程度の長さの釘を用いて、釘頭が平らに沈むまで打ち込む。
- 軽量鉄骨下地にボードを直接張り付ける場合、ドリリングタッピンねじは、下地の裏面に 10 mm 以上の余長の得られる長さのものを用いる。
- 軽量鉄骨下地にボードを直接張り付ける場合、ボード周辺部を固定するドリリングタッピンねじの位置は、ボードの端部から 10 mm 程度内側とする。

  注意 • 5 mm ではない！
- 軽量鉄骨壁下地にボードを直接張り付ける場合、ドリリングタッピンねじの留付け間隔は、中間部 300 mm 程度、周辺部 200 mm 程度とする。
- せっこうボードを曲率の小さな下地に張る場合は、ボードの片面の紙に切れ目を入れて曲面にする。

- 下張りボードに上張りボードを張り付ける場合は、接着剤を主体としてステープルを併用して張り付ける。

■せっこう系接着材による直張り工法

- ポリスチレンフォーム断熱材が下地の場合は、プライマー処理をして、ボードを張り付ける。
- 一度に練る接着材の量は、1 時間以内に使い切れる量とする。
- 1 回の接着材の塗付け面積は、張り付けるボード 1 枚分とする。
- 接着材の盛上げ高さは、接着するボードの仕上がり面までの 2 倍以上の高さとする。

  注意 • 仕上り面までの高さではない！
- ボード中央部の接着材を塗り付ける間隔は、床上 1,200 mm 以下の部分より床上 1,200 mm を超える部分を大きくする。

  注意 • 小さくするのではない！
- 躯体から仕上がり面までの寸法は、厚さ 9.5 mm のボードで 20 mm 程度、厚さ 12.5 mm のボードで 25 mm 程度とする。

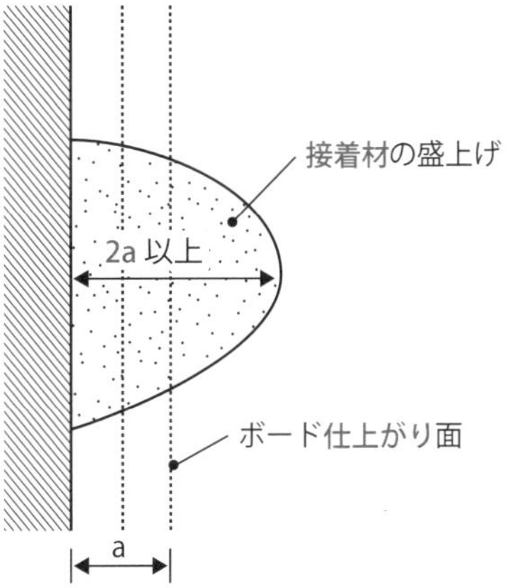

プラスα　目地・継目処理

- テーパーエッジボードの突付けジョイント部の目地処理における上塗りは、ジョイントコンパウンドを 200 ～ 250 mm 幅程度に塗り広げて平滑にする。
- テーパーボードの継目処理において、グラスメッシュのジョイントテープを用いる場合は、ジョイントコンパウンドの下塗りを省略できる。

一次 二次

Lesson 12 断熱工事、屋根防水改修工事

硬質ウレタンフォーム吹付け工法

売れたホーム
（硬質ウレタンフォーム）

30年過ぎたら拭きだそう
（30 mm 以上・多層吹き）

硬質ウレタンフォームの吹付け厚さが 30 mm 以上となる箇所は、多層吹きとする。

■押出法ポリスチレンフォーム打込み工法

- コンクリート打込みの際には、同一箇所で長時間バイブレーターをかけないようにする。
- 断熱材の継目は突付けとし、テープ張りをしてコンクリートの流出を防止する。
- 断熱材の継目にコンクリートがはみ出している箇所は、V カットした後に断熱材現場発泡工法により補修する。
- セパレーターが断熱材を貫通する部分は、熱橋となり結露が発生しやすいため、断熱材を補修する。
- 窓枠回りの防水剤入りモルタル詰めを行った部分には、現場発泡の硬質ウレタンフォームを充填する。

■押出法ポリスチレンフォーム張付け工法

- 躯体面とのすき間が生じないように断熱材を全面接着とし、密着させて張り付ける。

■硬質ウレタンフォーム吹付け工法

- 随時吹付け厚さを測定しながら作業し、厚さの許容誤差を 0 mm から＋ 10 mm として管理する。

注意 • − 5 mm ではない！

- 断熱材には自己接着性があるため、吹き付ける前のコンクリート面の接着剤塗布は不要である。
- 吹き付けるコンクリート面の温度が 5 ℃以上であることを確認して施工する。
- 5 mm 以下の厚さになるように下吹きする。
- 断熱材の吹付け厚さが 30 mm 以上の箇所は多層吹きとし、多層吹きの各層の厚さは各々 30 mm 以下とする。
- 冷蔵倉庫等で断熱層が特に厚い場合でも、1 日の最大吹付け厚さは 80 mm を超えないものとする。
- 厚く付きすぎて支障となるところは、カッターナイフで表層を除去する。

■屋根防水改修工事

アスファルト保護防水絶縁工法	• 撤去後の下地コンクリート面の 2 mm 以上のひび割れ部は、U カットしてポリウレタン系シーリング材を充填する。
アスファルト保護防水密着工法	• ルーフドレン周囲の既存防水層は、ルーフドレン端部から 300 mm 程度まで四角形に撤去する。
アスファルト露出防水絶縁工法	• 二重ドレンを設けない場合、保護コンクリート層は、ルーフドレン端部から 500 mm 程度まで撤去する。
アスファルト露出防水密着工法	• 既存の砂付《すなつき》ルーフィングの表面の砂は可能な限り取り除き、清掃後、アスファルト系下地調整材を塗布する。

プラスα 屋上露出防水層への植栽

- 壁面等立上り部に直接土壌が接する場合、敷設する耐根《たいこん》層は、接する土壌仕上面より 5 cm 程度高い位置まで立ち上げる。

一次 二次

Lesson 13 改修工事

U カットシール材充填工法

日々割れんばかりの
(ひび割れ)
ユー・ガット・メール！
(U カットシール材充填工法)
タイの雨季には
(タイルの浮き)
向かないよ

U カットシール材充填工法は、外壁のひび割れの改修に用いるが、タイルの浮きの改修には用いない。

■鉄筋コンクリート造の外壁改修工事

コンクリート打放し仕上げ

樹脂注入工法	• ひび割れ幅が 0.2 mm 以上 1.0 mm 以下に適用。 • 挙動のあるひび割れには軟質形エポキシ樹脂、ほとんど挙動がないひび割れには硬質形エポキシ樹脂を用いる。
Uカットシール材充填工法	• ひび割れ幅が 1.0 mm を超え、かつ、挙動するひび割れにはシーリング材を使用する。 • ひび割れ幅が 0.2 mm 以下 1.0 mm 以下の挙動するひび割れ・1.0 mm を超える挙動しないひび割れには可とう性エポキシ樹脂を使用する。
シール工法	• ひび割れ幅が 0.2 mm 未満の微細なひび割れに適用。 • 挙動が少ない場合はパテ状エポキシ樹脂、挙動が比較的大きい場合は可とう性エポキシ樹脂を使用する。

エポキシ樹脂モルタル充填工法	• 比較的大きな欠損部に適用。
ポリマーセメントモルタル充填工法	• 表面の軽微な欠損部に適用。

タイル張り仕上げ

アンカーピンニング部分エポキシ樹脂注入工法	• タイル陶片の浮きがなく、構造体コンクリートと下地モルタル間に浮きが発生している場合に適用。 • 1 箇所当たりの浮き面積は 0.25 m^2 未満。
注入口付アンカーピンニングエポキシ樹脂注入タイル固定工法	• 構造体コンクリートと下地モルタル間に浮きがなく、タイル陶片のみに浮きが発生している場合に適用。

■内装改修工事における既存床仕上げ材の撤去

- ビニル床シートは、カッター等で切断し、スクレーパーを用いて撤去する。
  注意 • ダイヤモンドカッターではない！
- 下地面に残ったビニル床タイルの接着剤は、アスベストを含有していなければ、ディスクサンダーを用いて除去する。
- 磁器質床タイルは、目地をダイヤモンドカッターで縁切りし、電動はつり器具を用いて撤去する。
- 乾式工法のフローリング張り床材は、丸のこで適切な寸法に切断し、ケレン棒を用いて撤去する。
- モルタル塗り下地の合成樹脂塗床材は、ケレン棒と電動はつり器具を用いて下地モルタルと共に撤去する。
- 既存合成樹脂塗床面の上に同じ塗床材を塗り重ねる場合は、接着性を高めるため、既存仕上げ材の表面を目荒しする。
- コンクリート・モルタル下地面の凹凸・段差等は、サンダー掛け、ポリマーセメントモルタルの充填等により補修する。
- 新規仕上げが合成樹脂塗床の場合、下地のコンクリート面の凹凸部の補修は、エポキシ樹脂モルタルで行う。

プラスα　防火認定壁紙の張替え

- 防火認定の壁紙の張替えは、既存壁紙を残さず撤去し、防火認定の壁紙を張り付ける。

一次

Lesson 14 ALCパネル 押出成形セメント板工事

縦張り工法・横張り工法

縦に揺れる
(縦張り)

ロッキングチェア
(ロッキング)

欲張って　スライド
(横張り)　(スライド)

縦張り工法は、躯体の層間変位にロッキングにより追随し、横張り工法は、スライドによって追随する工法である。

■押出成形セメント板工事

パネル幅の最小限度		30 mm
パネル相互の目地幅	長辺	8 mm 以上
	短辺	15 mm 以上
パネルの欠込みの限度	長辺	500 mm 以上
	短辺	パネル幅の $\frac{1}{2}$ 以下、かつ、300 mm 以下

外壁パネル工法

縦張り工法 (ロッキング方式)	• 躯体の層間変位に対し、ロッキングにより追随させる。 • 各段に荷重受け部材が必要。
横張り工法 (スライド方式)	• 躯体の層間変位に対し、スライドすることで追随させる。 • パネル 2 ～ 3 段ごとに荷重受け部材が必要。

パネル取付け金物（Zクリップ）

- 下地鋼材に 30 mm のかかり代を確保して取り付ける。

■ ALCパネル工事

間仕切壁フットプレート構法

- 間仕切壁パネルの上部は、面内方向に可動となるように取り付ける。
- 間仕切壁パネルの上部は、間仕切チャンネルへのかかり代を 10 ～ 20 mm 程度確保して取り付ける。
- 出隅・入隅のパネル取合い部には、10 mm 以上の伸縮目地を設ける。
- 耐火性能が要求される伸縮目地には、シーリング材を充填する。
  注意 • モルタルではない！
- 間仕切壁パネルを一体化するため、パネル長辺側面相互の接合にアクリル樹脂系接着材等を用いる。

外壁パネル構法

縦壁ロッキング構法	• パネル重量をパネル下部の中央に位置する自重受け金物により支持する。 注意 • 両端ではない！
横壁アンカー（ボルト止め）構法	• パネル積上げ段数 5 段以下ごとに自重受け金物を設ける。

- 横目地は伸縮目地とし、目地幅は 10 ～ 20 mm とする。
- 出入隅部・他部材との取合い部には、幅 10 ～ 20 mm の伸縮目地を設ける。

孔あけが必要な場合の径の限度

外壁・間仕切壁パネル	• パネル幅の $\frac{1}{6}$ 以下
屋根・床パネル	• 直径 50 mm 以下

プラスα　メタルカーテンウォール工事

単一材の長さの寸法許容差

1.5 m 以下	± 1.0 mm
1.5 m を超え 4 m 以下	± 1.5 mm
4 m を超えるもの	± 2.0 mm

一次

Lesson 01 事前調査、届出

ベンチマーク

2箇所のベンチで
（2箇所以上・ベンチマーク）
互いにチェック
（相互チェック）

ベンチマークは、2箇所以上設け、相互チェックを行う。

■事前調査

- 敷地内及びその周辺の地形・地質・地層の状態の調査を行う。
- 根切り計画に当たり、地中障害物の調査のみならず、過去の土地利用の履歴も調査する。
- 山留め計画に当たり、敷地内の試掘を実施し、湧出する地下水の水質調査を行う。
- 山留め計画に当たり、隣接建物の基礎・構造・仕上げ等の調査を行う。
- 山留め壁の施工により動くおそれのある道路境界石は、必ず境界ポイントの控えをとる。
- 洪積地盤の場合、山留め壁からの水平距離が掘削深さ相当の範囲内にある既設構造物を調査する。
- 地下水の排水計画に当たり、公共ますの有無と下水道の排水能力を調査する。
- 地盤改良された土の掘削に当たり、沈砂槽《ちんさそう》を設置して湧水を場外へ排水する場合でも、水質調査を行う。 注意・省略はできない！

- 鉄骨工事計画に当たり、周辺道路の交通規制や埋設物・架空電線・電波障害について調査する。
- 揚重機の設置計画に当たり、敷地周辺の電波障害が予測される範囲について調査する。
- 解体工事の計画に当たり、近隣建物の所有者の立会いを得て、近隣建物の現状について調査する。
- 工事車両出入口、仮囲い及び足場の設置に伴う道路占用の計画に当たり、歩道の有無と道路幅員について調査する。

■主な届出・申請

届　出	提出者	提出先	摘　要
建築工事届	建築主	都道府県知事	• 床面積の合計が 10 m^2 以内のものを除く。
建築物除却届	施工者	都道府県知事	• 床面積の合計が 10 m^2 以内のものを除く。
道路使用許可申請	施工者	警察署長	• コンクリートポンプ車を前面道路に設置する場合等。
道路占用許可申請	道路占用者	道路管理者	• 仮囲いが前面道路に張り出す等の継続使用。
建設工事計画届	施工者	厚生労働大臣	• 高さ 300 m 以上の塔の建設等、重大な労働災害を生ずるおそれがある特に大規模な仕事。
		労働基準監督署長	• 高さ 31 m 超の建築物の建設・改造・解体・破壊等の仕事。

プラスα ベンチマーク

- 建物の位置と高さの基準となるベンチマークは、2 箇所以上設け、相互チェックを行う。

一次 二次

Lesson 02 仮設計画

生コン車の高さ

体が重い(最大積載)**と気分サイテー**(最低)

でも　心を空(空荷)**にすれば**

気分サイコー(最高)**！**

生コン車の高さは、最大積載時が最も低く、
空荷時が最も高い。

■仮囲い

- 通行人の安全や隣接物を保護するとともに、周辺環境に配慮して設置する。
- 工事現場の周辺や工事の状況により危害防止上支障がない場合は、設けなくてもよい。
- 前面道路に設置する仮囲いは、道路面を傷めないように、ベースをH形鋼等とする。
- 傾斜地に設置した鋼板製仮囲いの下端に生じたすき間は、木製の幅木でふさぐ。

■工事用ゲート

- ゲートの有効高さは、空荷時の生コン車が通過できる高さとする。
- ゲートに設置するハンガー式門扉は、重量と風圧を軽減するため、上部に網を張る構造とする。

■仮設物

施工者用事務室・監理者用事務室	• 同一建物内でも、それぞれ独立して設ける。

作業員詰所	• 職種数や作業員の増減に対応するため、大部屋方式とする。
仮設便所	• 男性用小便所数は、同時に就業する男性作業員 30 人以内ごとに 1 個とする。 • 男性用大便所の便房数は、同時に就業する男性作業員が 60 人以内ごとに 1 個とする。 • 女性作業員用の便房数は、同時に就業する女性作業員 20 人以内ごとに 1 個とする。
危険物（塗料・油類・ボンベ類・火薬等）貯蔵庫	• 仮設建物・隣地の建築物・材料置場等から離れた場所に設ける。 注意 • 資材倉庫の一画を仕切って設けてはならない！ • ガスボンベ類の貯蔵小屋は、通気を良くするため、壁の 1 面を開口とし、他の 3 面は上部に開口部を設ける

■工事用電気設備

- 工事用の動力負荷は、工程表に基づいた電力量山積みの 60 %を実負荷とする。
- 工事用使用電力が 50 kW 以上の場合は、高圧受電契約となる。
- 工事用使用電力量の算出に用いる、コンセントから使用する電動工具の同時使用係数は、1.0 とする。
- 現場内にケーブルを埋設する場合、重量物が通過する道路下は 1.2 m 以上、その他では 0.6 m 以上とし、埋設表示をする。
- 溶接用ケーブル以外の屋外に使用する移動電線で、使用電圧が 300 V 以下のものは、1 種以外のキャブタイヤケーブルを使用する。

■工事用給排水設備

- 工事事務所の使用水量は、40 ～ 50 L/ 人・日を見込む計画とする。
- 水道本管からの供給水量の増減に対する調整のため、2 時間分程度の使用水量を確保できる貯水槽を設置する。

掘削に使用する水量

リバースサーキュレーション工法	30 m^3/ 時
アースドリル工法	10 m^3/ 時

プラスα　仮設の照明設備

- 普通作業の作業面照度は、150 lx 以上とする。

一次 二次

Lesson 03 躯体工事の施工計画

普通ボルト用の孔あけ

普通の13歳以下は
(普通ボルト・板厚13 mm以下)
千円カットでOK
(せん断孔あけ)

普通ボルト用の孔あけ加工は、板厚13 mm以下の場合、せん断孔あけとすることができる。

■土工事

- 透水性の悪い山砂を用いた埋戻しは、埋戻し厚さ300 mmごとにランマーで締め固めながら行う。

■地業工事

- 場所打ちコンクリート杭工事において、1次スライム処理は、底ざらいバケット等により行う。
- 場所打ちコンクリート杭工事において2次スライム処理は、エアリフト等により行う。
- 場所打ちコンクリート杭工事で、コンクリートの打込み中はトレミー管の先端を、コンクリート中に2 m以上入れる。

■鉄筋工事

- 工期短縮のためには、柱や梁の鉄筋を先組み工法とし、継手は機械式継手とする。

- ガス圧接継手において、鉄筋冷間直角切断機を用いて圧接当日に切断した鉄筋の圧接端面は、グラインダー研削を行わない。

■コンクリート工事

- コンクリートの打設計画において、同一打込み区画には、同じメーカーのセメントを使用した同一工場のコンクリートを打ち込む。
- プレキャストコンクリート部材の現場接合は、狭い空間に鉄筋やシヤーコッターがあり、締固め作業が困難なときは、高流動コンクリートを使用する。

■型枠工事

- 工期短縮のためには、基礎型枠は、せき板の解体が不要なラス型枠工法とする。
- 独立柱の型枠の組立てはセパレーターを使用せず、コラムクランプを用いてせき板を締め付ける。

■鉄骨工事

- 高力ボルト用の孔あけ加工は、ドリル孔あけとする。

  注意 • せん断孔あけではない！
- 高力ボルト接合におけるボルト孔の径は、ボルトの呼び径＋ 2 mm 以内とする。
- 板厚 6 mm を超える鉄骨部材に取付け金物を手溶接で取り付ける場合、溶接長さは 40 mm とする。
- 部材の剛性が小さい鉄骨は、小ブロックごとに建入れ直しを行う。
- ロックウールによる耐火被覆は、成形板工法か巻きつけ工法とする。

  注意 • 吹付け工法ではない！

プラスα　逆《さか》打ち工法

- 大規模、大深度の工事では、地上と地下の工事を併行して施工することにより全体として工期短縮ができる。
- 躯体を山留め架構として利用するため、沈下、移動など周辺地盤に与える影響が少ない。
- 1 階の床を先行して施工するため、地下工事の騒音を抑制できる。

一次 二次

Lesson 04 仕上工事の施工計画

溶融亜鉛めっき

余裕だよ
(溶融)
過酷な環境でも
(過酷な環境下)
耐えられる

溶融亜鉛めっきは、電気亜鉛めっきに比べ、防錆効果が高いので、海岸や工業地帯など過酷な腐食環境下で用いられる。

■防水工事・シーリング工事

- アスファルト防水工事において、アスファルトが規定量どおり施工されているかの確認は、施工面積と全使用量から単位面積当たりの数量を算出して確認する。
- 改質アスファルトシート防水トーチ工法において、露出防水用改質アスファルトシートの重ね部は、砂面をあぶって砂を沈め、100 mm 以上重ね合わせる。
- シーリング工事において、ALC パネル間の目地には、低モジュラスのシーリング材を使用する。

■石工事

- 乾式工法による外壁石張り工事において、石材裏面と下地コンクリート面の間隔は 70 mm を標準とする。
- 取付け終了後の石面の清掃に当たっては、原則として、塩酸類を使用してはならない。

■タイル工事

- 密着張りにおける振動工具による加振は、張付けモルタルがタイルの周囲から目地部分に盛り上がる状態になるまでとする。
- 二丁掛けタイルの改良積上げ張りの 1 日の張付け高さの限度は、1.5 m 程度とする。
- 改良圧着張り工法の張付けモルタルの 1 回の塗付け面積は、タイル工 1 人当たり 2 m^2 以内とし、下地面の張付けモルタルの塗厚さは 5 mm を標準とする。
- 外壁タイル張り面の伸縮調整目地の位置は、下地コンクリートのひび割れ誘発目地と一致させる。

■金属工事

- 海岸近くの屋外に設ける鋼製手すりが塗装を行わず亜鉛めっきのままの仕上げとなる場合は、溶融亜鉛めっきとする。

注意 • 電気亜鉛めっきではない！

■左官工事

- 床を除き、モルタルの 1 回の塗厚は、原則として 7 mm 以下とし、内壁のモルタル塗厚が 20 mm の場合は、3 回塗りとする。

■塗装工事

- 亜鉛めっき鋼面の化成皮膜処理による素地ごしらえは、りん酸塩処理とする。
- 現場錆止め塗装工事において、塗膜厚は、塗料の使用量と塗装面積から推定する。

■内装工事

- せっこうボードをせっこう系接着材による直張り工法で張り付ける場合の一度に練る接着材は、1 時間以内に使い切れる量とする。
- 防火材料の認定を受けた壁紙は、防火性能のあることを表す施工管理ラベルを 1 区分（1 室）ごとに 2 枚以上貼り付けて表示する。

プラスα　メタルカーテンウォール工事

- 躯体付け金物は、鉄骨躯体の製作に合わせてあらかじめ鉄骨製作工場で取り付ける。

一次

Lesson 05 改修・解体工事の施工計画

フープ筋の継手

フレアスカートでフラフープ
（フレア溶接・フープ筋）
ジュディより長く続けられる？
（溶接長さ片側 10 d 以上）

柱の溶接閉鎖フープ巻き工法に用いるフープ筋の継手は、溶接長さが片側 10 d 以上のフレア溶接とする。

■鉄筋コンクリート造建築物の躯体改修工事

状　態	改修方法
コンクリートの中性化	• 浸透性アルカリ性付与材を塗布する。
コンクリートのひび割れ	• ひび割れ幅が 1.0 mm を超える場合は、Uカットシール材充填工法を用いる。 • ひび割れ幅が 0.2 mm 未満の場合は、シール工法を用いる。
コンクリート表面の欠損	• 欠損の深さが 50 mm を超える場合は、エポキシ樹脂モルタル充填工法を用いる。 • 欠損の深さが 30 mm 以下の場合は、ポリマーセメントモルタル充填工法を用いる。
コンクリートの欠損部から露出している鉄筋	• 周囲のコンクリートをはつり取り、錆を除去した後に防錆剤を塗布する。

■鉄筋コンクリート造建築物の耐震補強工事

グラウト材の練上り時の温度	• 10 ～ 35 ℃となるように水温を管理する。
増打ち壁のシアコネクタ	• 型枠固定用のセパレータとして兼用する。
フープ筋の継手	• 溶接長さが片側 10 d 以上のフレア溶接とする。
炭素繊維シートの水平方向の重ね継手	• 柱の各面に分散して配置し、重ね長さは 200 mm 以上とする。

■鉄筋コンクリート造建築物の仕上改修工事

外壁改修	タイル張り仕上げ	• 1 箇所の張替え面積が 0.25 m^2 程度以下の場合は、タイル部分張替え工法を用いる。 • タイルの浮きやはく落が見られる場合には、繊維ネット及びアンカーピンを併用した外壁複合改修工法が適用される。
外壁改修	塗り仕上げ	• 広範囲の既存塗膜と素地の脆弱部を除去する必要がある場合は、高圧水洗工法を用いる。
アスファルト防水改修		• ルーフドレン周囲の既存保護層は、ルーフドレン端部から 500 mm 程度までの範囲を四角形に撤去する。 • ルーフドレン周囲の既存防水層は、ルーフドレン端部から 300 mm 程度までの範囲を四角形に撤去する。
建具改修		• かぶせ工法においては、既存鋼製建具の枠の厚さが 1.3 mm 未満の場合、既存枠を補強する。
内装改修		• 既存合成樹脂塗床面の上に同じ塗床材を塗り重ねる場合、接着性を高めるため、既存仕上げ材の表面を目荒しする。 • 防火認定の壁紙の張替えは、既存壁紙を残さず撤去し、下地基盤面の上に防火認定の壁紙を張り付ける。

■鉄筋コンクリート造建築物の躯体解体工事

地上解体工法	• 作業開始面の外壁から 1 スパンを上階から下階に向かって全階解体する。
階上解体工法	• 外壁を残しながら中央部分を先行して解体する。
転倒解体工法	• 1 回の転倒解体を高さ 1 層分以下とし、柱 3 本を含む 2 スパンとする。

一次

Lesson 06 材料の保管・取扱い

カーペットの保管

俵《たわら》にだんごと
（俵積み・2段）

ロールケーキ
（ロール状に巻いたカーペット）

ロール状に巻いたカーペットは、
2段程度の俵積みとする。

■工事現場における材料の保管

既製コンクリート杭	• やむを得ず2段に積む場合は、同径のものを並べ、まくら材を同一鉛直線上にして仮置きする。
高力ボルト	• 乾燥した場所に、使用する順序に従って整理して保管し、施工直前に包装を開封する。 注意 • 工事現場受入時ではない！
コンクリートブロック	• 形状・品質を区分し、覆いを掛けて雨掛りを避ける。
ALC パネル	• 平積みとし、1段の積上げ高さは1m以下とし2段までとする。
押出成形セメント板	• 平坦で乾燥した場所に平積みとし、積上げ高さを1mまでとする。
防水用袋入りアスファルト	• 積み重ねを10袋までとする。

砂付ストレッチルーフィング	• 屋内の乾燥した場所に、砂の付いていない部分を上にして縦置きとする。 注意 • 下ではない！
プレキャストコンクリートの床部材	• 平置きとする場合、上下の台木が同一鉛直線上になるように積み重ねる。
フローリング類	• 屋内のコンクリートの上に置く場合、シートを敷き、角材を並べた上に保管する。
ロール状に巻いたカーペット	• 屋内の乾燥した平坦な場所に、2 段程度の俵積みとする。
長尺のビニル床シート	• 屋内の乾燥した場所に直射日光を避けて縦置きにして保管する。
木製建具	• 取付け工事直前に搬入するものとし、障子や襖は縦置き、フラッシュ戸は平積みとする。
板ガラス	• 車輪付き裸台で搬入し、できるだけ乾燥した場所に裸台に乗せたまま保管する。 • 木箱入りのガラスは、85°程度の角度で立置きとし、異寸法の木箱が混ざる場合は、小箱を先に置き、大箱を後から直接重ねて保管する。
硬質ウレタンフォーム保温板	• 反りぐせを防止するため、平坦な敷台の上に平積みで保管する。
発泡プラスチック系保温板	• 長時間紫外線を受けると表面から劣化するので、日射を避け屋内に保管する。

■材料の取扱い

- 被覆アーク溶接棒は、吸湿しているおそれがある場合、乾燥器で乾燥してから使用する。
- 日射熱吸収の大きいガラスへの養生材の張付けに当たっては、ガラスが熱割れしないことを確認する。
- フタル酸樹脂エナメル塗料が付着した布片は、水の入った金属容器に入れるなどの措置をする。

一次 二次

Lesson 07 建設工事の記録、労働基準監督署長への届出

足場の設置届

釣り針垂れて 60 日
（つり足場・張出し足場・60 日以上）
のぞいた 10 名
（10 m 以上）

つり足場・張出し足場は設置期間60日以上で、それらを除く足場は高さ10 m以上で届出が必要になる。

■建設工事の記録

- 工事の施工後、目視による検査が不可能となるおそれのある部分については、施工の記録・工事写真などを整備する。
- 工事の施工により近隣建物への影響が予想される場合は、近隣住民など利害関係者立会いのもと、現状の建物の写真記録をとる。
- デジタルカメラによる工事写真は、黒板の文字や撮影対象が確認できる範囲で有効画素数を設定して記録する。
- 工事監理者の立会いのうえ施工するものと設計図書で指定された工事において、監理者の指示により立会いなく施工する場合は、工事写真などの記録を整備して工事監理者に提出する。
- 承認あるいは協議を行わなければならない事項については、それらの経過内容の記録を作成し、元請の建設業者と工事監理者が双方で確認したものを工事監理者に提出する。

- 試験及び検査については、設計図書に示す条件に対する適合性を証明するに足る資料を添えて記録を作成する。
- トルシア形高力ボルトの本締め完了確認において、ピンテールの破断を確認したボルトは、本締め完了確認の記録を省略してはならない。

記録の保存

- 建設工事の施工にあたり必要に応じて作成し、発注者と施工者相互に交付した工事内容に関する打合せ記録は、建設工事の目的物引渡しの日から10年間保存する。
- 建設工事の施工において必要に応じて作成した完成図は、建設工事の目的物の引渡しの日から10年間保存する。

■労働基準監督署長へ計画の届出を行う必要があるもの

工事開始の30日前までに届け出るもの

- 支柱の高さが3.5 m以上の型枠支保工
- 高さ・長さがそれぞれ10 m以上の架設通路
- 組立開始日から解体完了日までの期間が60日以上のつり足場・張出し足場
- 高さが10 m以上の足場（つり足場・張出し足場を除く）
- つり上げ荷重3 t以上のクレーン

  注意 • 14日前までに届け出るのではない！
- 積載荷重1 t以上のエレベーター
- 積載荷重0.25 t以上でガイドレールの高さが18 m以上の建設用リフト
- ゴンドラ

工事開始の14日前までに届け出るもの

- 高さ31 mを超える建築物の建設・改造・解体・破壊の仕事

  注意 • 30日前までに届け出るのではない！
- 掘削の深さが10 m以上の地山の掘削の作業を労働者が立ち入って行う仕事
- 耐火建築物に吹き付けられた石綿を除去する仕事

プラスα　品質が保証されていない材料

- 設計図書に定められた品質が証明されていない材料は、現場内に搬入してはならない。「搬入後に試験を行い、記録を整備する」とするひっかけ問題に気をつけよう。

一次

Lesson 08 原価管理、タクト手法

タクト手法

名指揮者のタクトで
（タクト手法）
仕上げは上々
（仕上工事に適する）

タクト手法は、集合住宅などの仕上工事の工程計画に適している。

■原価管理に関する用語

直接費	• 材料費・労務費など、施工に直接的にかかる費用。
間接費	• 仮設費・管理費など、施工に必要な間接的な費用。

■工期と費用の一般的な関係

- 直接費は、工期の短縮に伴って増加する。
- 間接費は、工期の短縮に伴って減少する。
- 直接費と間接費の和が最小となるときが、最適な工期となる。
- 総工事費は、工期を最適な工期より短縮しても、延長しても増加する。

注意 • 工期に比例して増加するのではない！

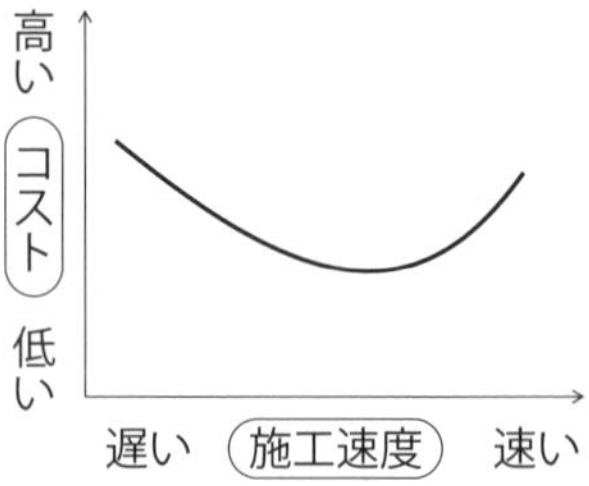

■突貫工事になると工事原価が急増する原因

- 材料の手配が施工量の急増に間に合わず、労務の手待ちを生じること。
- 1日の施工量の増加に対応するため、仮設及び機械器具の増設が生じること。
- 1交代から2交代、3交代へと1日の作業交代数の増加に伴う現場経費が増加すること。
- 型枠支保工材等の消耗役務材料の使用量が、施工量に比例的でなく急増すること。

注意 • 比例的に急増するのではない！

■タクト手法

- タクト手法とは、同種の作業を複数の工区や階で繰り返し実施する場合に、作業の所要期間を一定にして、工区を順々に移動しながら作業を進める方法である。
- 同一設計内容の基準階を多く有する高層建築物・集合住宅の仕上工事などの工程計画手法として、適している。
- 作業を繰り返し行うことによる習熟効果によって生産性が向上するため、工事途中でのタクト期間の短縮または作業者数の削減を検討する。
- 設定したタクト期間では終わることができない一部の作業については、当該作業の作業期間をタクト期間の整数倍に設定する。
- 一連の作業は同一の日程で行われ、次の工区へ移動することになるので、各工程は切れ目なく実施できる。
- 各作業の進ちょくが密接に関連しているため、1つの作業の遅れは全体の作業を停滞させる原因となる。

注意 • 各作業が独立して行われるのではない！

仕上工程におけるタクト手法の例

5階					作業A	作業B	作業C	作業D
4階				作業A	作業B	作業C	作業D	
3階			作業A	作業B	作業C	作業D		
2階		作業A	作業B	作業C	作業D			
1階	作業A	作業B	作業C	作業D				

一次

Lesson 09 工程計画・工程管理

ガントチャート・Sチャート

S字カーブを
(Sチャート)
ガンガン進む
(ガントチャート・進ちょく)

ガントチャートとSチャートでは、作業の進ちょく度合いが把握しやすい。

■工程計画

- 工程計画の準備として、工事条件の確認、工事内容の把握及び作業能率の把握などを行う。
- 工事を行う地域の労務や資材の調達状況、天候や行事、隣接建造物の状況などを考慮する。
- 使用可能な前面道路の幅員及び交通規制に応じて、使用重機及び搬入車両の能力を考慮した工程計画を立てる。
- 工程計画の立案には、大別して積上方式（順行型）と割付方式（逆行型）とがあり、工期が制約されている場合は、割付方式を採用することが多い。
- まず各作業の手順計画を立て、次に日程計画を決定する。
- 工事用機械が連続して作業を実施し得るように作業手順を定め、工事用機械の不稼働をできるだけ少なくする。
- 作業員、施工機械、資機材等の供給量が均等になるように、山均しを意図したシステマティックな工法の導入を検討する。
- 工期の調整は、工法・労働力・作業能率及び作業手順などを見直すことにより行う。
- 工程短縮を図るために行う工区の分割は、各工区の作業数量がほぼ均等になるように計画する。
- 算出した工期が指定工期を超える場合は、クリティカルパス上に位置する作業について、作業方法の変更や作業員増員等を検討する。
- 同一設計内容の基準階を多く有する高層建築物の工事においては、タクト手法などを用いる。

■工程表

基本（全体）工程表	• 各部門の施工順序、労務・資材等の段取り、工期等を総合的に把握するためのもの。
部分工程表	• 特定の部分や職種を取り出し、それにかかわる作業、順序関係、日程などを示したもの。

- 工程表は、休日や天候を考慮した実質的な作業可能日数を暦日換算した日数を用いて作成する。
- 工事の進ちょく度の把握には、時間と出来高の関係を示したSチャートが用いられる。
- バーチャートは、各作業の開始・終了時期や所要日数は把握しやすいが、前工程の遅れによる後工程への影響は把握しにくい。
- マイルストーンは、工事の進ちょくを表す主要な日程上の区切りを示す指標であり、掘削開始日・地下躯体完了日・屋上防水完了日等が用いられる。
- 山積工程表における山崩しは、人員・機械・資材等の平準化のために用いられ、工期短縮に用いられる手法ではない。

工程表の種類 ＼ 項目	ガントチャート	バーチャート	Sチャート	ネットワーク
作業の手順	不明	漠然	不明	判明
作業に必要な日数	不明	判明	不明	判明
作業進行の度合い	判明	漠然	判明	判明
工期に影響する作業	不明	不明	不明	判明

一次

Lesson 10 ネットワーク工程表

フロート

コーヒーフロート
（フロート）

飲む余裕
（余裕時間）

フロートとは、工事全体の作業日数に影響を与えない余裕時間のことである。

■ネットワーク工程表に関する用語

イベント（結合点）	• 作業と作業を結合する点。対象工事の開始点・終了点。 • イベントは、時間的には 0 である。
最早開始時刻（EST）	• 作業を始めうる最も早い時刻。 • 先行作業群の最早終了時刻の内で最も時間の多いもの。
最早終了時刻（EFT）	• 作業を終了しうる最も早い時刻。 • 最早開始時刻 ＋ 作業日数
最遅開始時刻（LST）	• 対象工事の工期に影響のない範囲で作業を最も遅く開始してもよい時刻（遅くとも開始しなければならない時刻）。 • 後続の最遅終了時刻 － 作業日数
最遅終了時刻（LFT）	• 対象工事の工期に影響のない範囲で作業を最も遅く終了してもよい時刻（遅くとも終了しなければならない時刻）。 • 後続作業群の最遅終了時刻で最も時間の少ないもの － 作業日数

クリティカルパス（CP）	• 各ルートのうち、最も長い日数を要するルート。 • トータルフロートが 0 の作業をつないだもの。
トータルフロート（TF）	• 当該作業の最遅終了時刻 − 当該作業の最早終了時刻
フリーフロート（FF）	• その作業の中で使い切っても後続作業のフロートに全く影響を与えない。 • 後続作業の最早開始時刻 − 当該作業の最早終了時刻
ディペンデントフロート（DF）	• 後続作業のトータルフロートに影響を与える。 • トータルフロート − フリーフロート

■ネットワーク工程表の見方

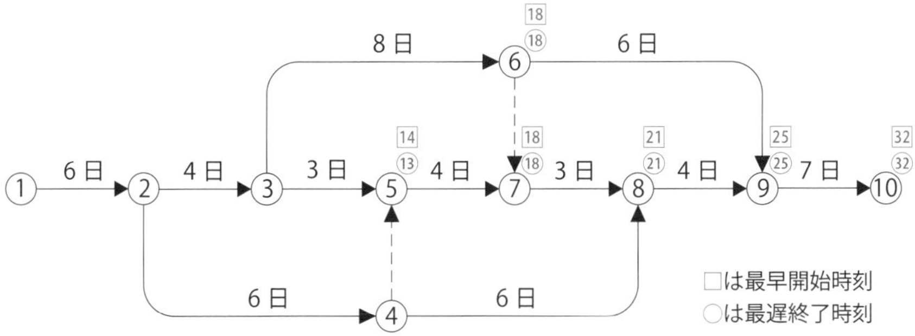

• 作業⑥→⑨の最遅終了時刻
⑩の最遅終了時刻−作業日数
（6＋4＋8＋3＋4＋7）－7＝25日

• 作業⑦→⑧の最早開始時刻
⑥の最早終了時刻が最大
6＋4＋8＝18日

• 作業⑤→⑦のフリーフロート
⑦の最早開始時刻 − ⑤→⑦の最早終了時刻
（6＋4＋8）−（6＋4＋3＋4）＝1日

• 作業⑥→⑨のトータルフロート
⑨の最遅終了時刻 − ⑥→⑨の最早終了時刻
（6＋4＋8＋3＋4＋7－7）−（6＋4＋8＋6）＝1日

一次

Lesson 11 品質管理（1）

かたより

期待される方よりは
（期待値・かたより）
真のあたいとサア
（真の値・差）

かたよりとは、観測値・測定結果の期待値と真の値との差である。

■品質管理

- 品質に及ぼす影響は、施工段階よりも計画段階で検討する方がより効果的である。
- 品質管理は、品質計画の目標のレベルに応じた管理を行う。
  注意 • 目標のレベルにかかわらず、密な管理を行うのではない！
- 品質を確保するためには、検査を厳しく行うより、工程の最適化を図るほうがよい。
- 品質計画には、施工の目標とする品質、品質管理及び管理の体制等を具体的に記載する。
- 目標品質を得るための管理項目に対し、次工程に渡してもよい基準としての管理値を設定する。
- 品質確保のための作業標準が計画できたら、作業がそのとおり行われているかどうかの管理に重点をおく。
- 材料・部材・部品の受入れ検査は、種別ごとに行い、必要に応じて監理者の立会いを受ける。

■品質管理に関する用語

工程（プロセス）管理	• 工程（プロセス）の出力である製品またはサービスの特性のばらつきを低減し、維持する活動。
管理限界	• 工程が統計的管理状態にあるとき、管理図上で統計量の値がかなり高い確率で存在する範囲を示す限界。
目標値	• 仕様書で述べられる、望ましいまたは基準となる特性の値。
許容差・公差	• 上側規格限界と下側規格限界との差。
誤差	• 観測値・測定結果から真の値を引いた値。
かたより	• 観測値・測定結果の期待値と真の値との差。
真の値	• 存在する条件下で完全に定義された量または量的特性を特徴付ける値。
ばらつき	• 観測値・測定結果の大きさがそろっていないこと、または不ぞろいの程度。
レンジ	• 計量的な観測値の最大値と最小値の差。
不確かさ	• 測定結果に付与される、真の値が含まれる範囲の推定値。
層別	• 1つの集団をなんらかの特徴によりいくつかの層に分割すること。
母集団の大きさ	• 母集団に含まれるサンプリング単位の数。
抜取検査方式	• 定められたサンプルの大きさ、及びロットの合格の判定基準を含んだ規定の方式。
ロット	• 等しい条件下で生産され、または生産されたと思われるものの集まり。
不適合	• 要求事項を満たしていないこと。

一次

Lesson 12 品質管理（2）

QC7つ道具

送別会　**チェックの衣装で**
（層別）　（チェックシート）

パレード　**3分**
（パレート図）　（散布図）

監督は
（管理図・特性要因図）

椅子とスクラム
（ヒストグラム）

QC7つ道具とは、パレート図、特性要因図、ヒストグラム、管理図、チェックシート、散布図、層別の7つをいう。

■ JIS Q 9000の用語の定義

顧客満足	• 顧客の要求事項が満たされている程度に関する顧客の受けとめ方。
是正処置	• 検出された不適合またはその他の検出された望ましくない状況の原因を除去するための処置。
予防処置	• 起こり得る不適合またはその他の望ましくない起こり得る状況の原因を除去するための処置。
妥当性確認	• 客観的証拠を提示することによって、規定要求事項が満たされていることを確認すること。
欠陥	• 意図された用途または規定された用途に関連する要求事項を満たしていないこと。
手直し	• 要求事項に適合させるための、不適合製品にとる処置。

トレーサビリティ	• 対象の履歴・適用・所在を追跡できること。
品質	• 本来備わっている特性の集まりが、要求事項を満たす程度。
品質保証	• 品質要求事項が満たされるという確信を与えることに焦点を合わせた品質マネジメントの一部。
品質マニュアル	• 組織の品質マネジメントシステムを規定する文書。
品質マネジメント	• 品質に関して組織を指揮し、管理するための調整された活動。
マネジメントシステム	• 方針及び目標、並びにその目標を達成するためのプロセスを確立するための、相互に関連するまたは相互に作用する、組織の一連の要素。
有効性	• 計画した活動が実行され、計画した結果が達成された程度。
レビュー	• 設定された目標を達成するための検討対象の適切性・妥当性・有効性を判定するために行われる活動。

■品質管理に用いる図表

パレート図	• 項目別に層別して出現頻度数の大きさの順に並べるとともに、累積和を示した図であり、不適合の重点順位を知るために用いられる。
管理図	• 観測値もしくは統計量を時間順またはサンプル番号順に表し、工程が管理状態にあるかどうかを評価するために用いられる。
特性要因図	• 特定の結果と原因系の関係を系統的に表し、重要と思われる原因の究明と対策の手を打っていくために用いられる。
ヒストグラム	• 計量特性の度数分布のグラフ表示で、製品の品質の状態が規格値に対して満足のいくものか等を判断するために用いられる。
チェックシート	• 欠点や不良項目などのデータを取るため、または作業の点検確認をするために用いられる。
散布図	• 対応する２つの特性を横軸と縦軸にとり、観測値を打点して作るグラフ表示の１つで、相関関係を調べるために用いられる。

一次 二次

Lesson 13 品質管理（3）

鉄骨の建方における柱の倒れ

1000 本ノックで勝つ
（1/1000 以下、かつ）

10 本足のイカ
（10 mm 以下）

鉄骨の建方における柱の倒れの管理許容差は、柱 1 節の高さの $\frac{1}{1000}$ 以下、かつ 10 mm 以下とする。

■ $\overline{X}-R$ 管理図

- 作業工程における測定値の変動の大きさ・周期性が分かる。
- 作業工程が管理状態にあるかどうかが分かる。

■施工品質管理表（QC 工程表）

- 工種別または部位別とし、管理項目は作業の重要度にかかわらず施工工程に沿って並べる。
  注意 ・重要度の高い順に並べるのではない！
- 管理項目には、重点的に実施すべき項目を取り上げる。
- 管理値を外れた場合の処置をあらかじめ定めておく。
- 工事監理者、施工管理者及び専門工事業者の役割分担を明記する。
- 検査の時期・頻度・方法を明確にする。
  注意 ・施工条件・施工数量・施工体制は明記する必要がない！

■品質を確保するための管理値

コンクリート工事における許容差

荷卸し地点における空気量	± 1.5 %
荷卸し地点におけるスランプ（スランプ 8 ～ 18 cm）	± 2.5 cm
荷卸し地点におけるスランプフロー（高流動コンクリート）	± 7.5 cm
構造体コンクリート部材の柱・梁・壁の断面寸法	0 ～＋ 15 mm
設計図書に示された位置に対する各部材の位置	± 20 mm
ビニル床シート下地のコンクリート面の仕上がりの平坦さ	3 m につき 7 mm 以下
化粧打放しコンクリート仕上げ壁面の仕上がりの平坦さ	3 m につき 7 mm 以下

鉄骨工事における許容差

梁仕口上フランジ上面間で測った一般階の柱の階高寸法	± 3 mm
鉄骨梁の長さ	± 3 mm
鉄骨柱据付け面となるベースモルタル天端の高さ	± 3 mm
通り心と鉄骨建方用アンカーボルトの位置のずれ	± 5 mm
スタッド溶接後のスタッド仕上り高さ	± 1.5 mm
スタッド溶接後のスタッドの傾き	5° 以内
鉄骨の建方における柱の倒れ	柱 1 節の高さの $\frac{1}{1000}$ 以下、かつ、10 mm 以下

その他の工事の許容差

プレキャストコンクリートカーテンウォール部材の目地幅	± 5 mm
硬質吹付けウレタンフォーム断熱材の吹付け厚さ	± 10 mm

プラスα　X 管理図

- X 管理図は、サンプルの個々の観測値を用いて工程水準を評価するための計量値管理図である。群の平均値を用いる $\overline{X}$（エックスバー）管理図とは異なるから注意しよう。

一次

Lesson 14 品質管理における検査（1）

抜取検査の条件

合格者の中に
（合格ロット）
多少不良がいてもよければ
（不良品の混入）
選抜入試にしようよ
（抜取検査）

抜取検査は、検査対象がロットとして処理でき、合格ロット中にある程度の不良品の混入が許される場合に行うことができる。不良品の混入が許されない場合は、全数検査を行う。

■検査の定義

- 検査とは、適切な測定、試験、またはゲージ合わせを伴った、観測及び判定による適合性評価をいう。
- 検査とは、品物の特性値に対して、測定、試験などを行って、規定要求事項と比較して、適合しているかどうかを判定することをいう。

注意 • 顧客満足度と比較するのではない！

■検査の種類

全数検査	• 不良品を見逃すと人命に危険を与えたり、経済的に大きな損失を受ける場合に適用される。 • 工程の品質状況が悪いために不良率が大きく、決められた品質水準に修正しなければならない場合に適用される。

抜取検査	• 品物がロットとして処理できる場合に適用される。
中間検査	• 不良なロットが次工程に渡らないように、事前に取り除くことによって損害を少なくするために行う。
無試験検査	• 工程が安定状態にあり、品質状況が定期的に確認でき、そのまま次工程に流しても損失は問題にならない場合に適用される。
受入検査	• 依頼した原材料、部品、製品などを受け入れる段階で行う検査で、生産工程に一定の品質水準のものを流すことを目的で行う。
購入検査	• 提出された検査ロットを購入してよいかどうかを判定するために行う検査で、品物を外部から購入する場合に適用する。 • 購入検査において、供給者側が行った検査結果を必要に応じて確認することによって、購入者の試験を省略する検査を間接検査という。
間接検査	• 長期にわたって供給側の検査結果が良く、使用実績も良好な品物を受け入れる場合に適用する。
巡回検査	• 検査を行う時点を指定せず、検査員が随時工程をパトロールしながら行う場合に適用する。
非破壊検査	• 品物を試験してもその商品価値が変わらない検査である。 • 非破壊試験の結果から、規格などによる基準に従って合否を判定する方法をいう。

■鉄骨工事の溶接の検査方法

浸透探傷試験	• 液体の毛細管現象を利用し、浸透液を欠陥内に浸透させて欠陥を検出する方法。
磁粉探傷試験	• 磁場を与えて磁粉を散布し、表面あるいは表面に近い部分の欠陥を検出する方法。
超音波探傷試験	• 探触子から発信する超音波の反射波を利用して、溶接の内部欠陥を検出する方法。
放射線透過試験	• 放射線が物質内部を透過していく性質を利用し、内部欠陥を検出する方法。
マクロ試験	• 溶接部を切断し、断面を平滑に研磨して硝酸アルコール等で処理したあと、溶接部の溶込み状態を調べる方法。

一次 二次

Lesson 15 品質管理における検査（2）

コンクリート強度試験の供試体

試験、今日したい？
（供試体）
1人に3問でなく
（1台から3個）
3人に1問ずつでね
（3台から1個ずつ）

構造体コンクリートの強度試験において、1回の試験に用いる3個の供試体は、適当な間隔をおいた3台の運搬車から1個ずつ採取する。

■コンクリートの試験・検査

- 構造体コンクリートの圧縮強度の推定試験において、1回の試験に用いる3個の供試体は、適当な間隔をおいた3台の運搬車から1個ずつ採取する。

  注意 • 複数の運搬車のうちの1台から採取するのではない！
- 構造体コンクリート強度の判定は、材齢28日までの平均気温が20℃以上の場合、工事現場における水中養生供試体の1回の試験結果が調合管理強度以上のものを合格とする。
- 材齢28日までの平均気温が20℃未満の場合は、工事現場における水中養生供試体の1回の試験結果が設計基準強度＋3 N/mm^{2}以上のものを合格とする。
- マスコンクリートにおいて、構造体コンクリートの圧縮強度の推定試験に用いる供試体の養生方法は、標準養生とする。

■鉄筋のガス圧接工事の試験・検査

外観検査

- 外観検査は、圧接部のふくらみの直径及び長さ、鉄筋中心軸の偏心量、折曲がりなどについて行う。
- 外観検査は目視によって行い、全圧接部に対して行う。
- 圧接部のふくらみの径は鉄筋径の 1.4 d 以上、ふくらみの長さは鉄筋径の 1.1 d 以上とし、形状はなだらかであることとする。
- 圧接面における鉄筋中心軸の偏心量は、鉄筋径の $\frac{1}{5}$ 以下とする。
- 鉄筋同士の角度が 2°を超える圧接部の折れ曲がりがあってはならない。

抜取試験

- 抜取検査ロットの大きさは、1 組の作業班が 1 日に施工した圧接箇所とする。
- 超音波探傷試験の抜取検査は、1 検査ロットに対して無作為に 30 箇所抽出して行う。
- 超音波探傷試験による抜取検査で不合格となったロットについては、試験されていない残り全数に対して超音波探傷試験を行う。
- 超音波探傷試験において、不合格となった圧接部については、切り取って再圧接する。

■鉄筋のガス圧接継手の外観検査で不合格となった圧接部の措置

- 圧接部のふくらみの直径や長さが規定値に満たない場合は、再加熱し、加圧して所定のふくらみに修正する。
- 圧接部のふくらみが著しいつば形の場合は、圧接部を切り取って再圧接する。
- 圧接部の片ふくらみが著しい場合は、圧接部を切り取って再圧接する。
- 圧接部のずれや偏心量が規定値を超えた場合は、圧接部を切り取って再圧接する。
- 圧接部に明らかな折れ曲がりが生じた場合は、再加熱して修正する。

圧接部の偏心量

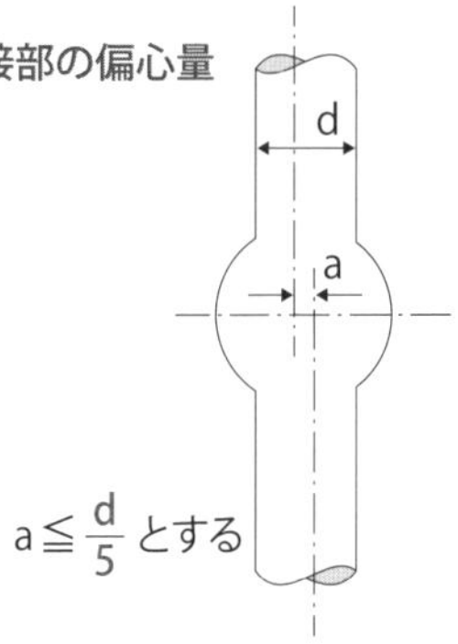

圧接部のずれ

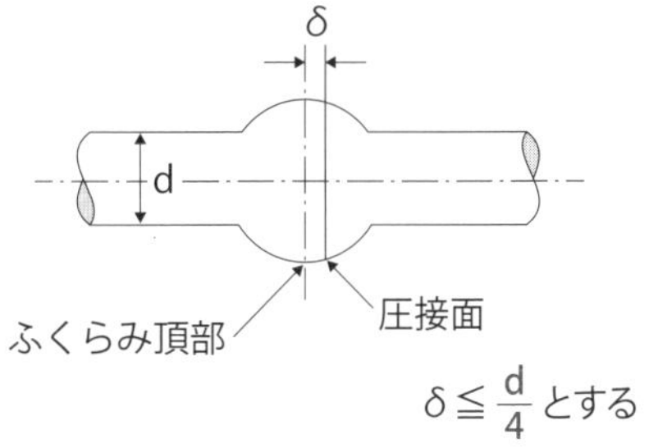

第❶部 ゴロ合わせ編
第❺章 施工管理法

一次 二次

Lesson 16 品質管理における検査（3）

引張接着力試験

小口のヒラメ
（小口平タイル）
大きさも形もアタチと同じ
（同一の大きさと形状・鋼製アタッチメント）

小口平タイルの引張接着力試験は、タイルと同一の大きさ・形状の鋼製アタッチメントを用いて行う。

■仕上工事における試験・検査

アスファルト防水工事における下地コンクリートの乾燥状態	• 高周波水分計を用いて確認する。
シーリング材の接着性試験	• 同一種類のものであっても、製造所ごとに行う。
現場搬入時の造作用針葉樹製材の含水率	• 高周波水分計を用いて 15 %以下であることを確認する。
室内空気中に含まれるホルムアルデヒドの濃度	• パッシブ型採取機器を用いて測定する。
アルミニウム製建具の陽極酸化皮膜の厚さ	• 渦《うず》電流式測定器を用いる。
工場塗装による鉄鋼面のさび止め塗装の塗膜厚	• 硬化乾燥後に電磁微厚計を用いて確認する。

工事現場で行う錆止め塗装の塗付け量	• 塗布面積に対する塗料使用量をもとに確認する。
塗装素地のモルタル面のアルカリ度	• pH コンパレータを用いて塗装直前に pH 9 以下であることを確認する。
防水形仕上塗材仕上げの所要量	• 単位面積当たりの使用量をもとに確認する。

■タイル張り工事における試験

セメントモルタルによるタイル後張り工法の検査

- 外観検査は、タイル張り面の色調・仕上がり状態・欠点の有無等について、限度見本の範囲内であることを確認する。
- 打音検査は、施工後 2 週間以上経過してから、タイル用テストハンマーを用いてタイル張り全面にわたり行い、浮きの有無を確認する。

注意 • リバウンドハンマーを用いるのではない！

引張接着力試験

- 引張接着力試験に先立ち、試験体周辺部をコンクリート面までカッターで切断する。
- 二丁掛けタイルの引張接着力試験の試験体は、タイルを小口平の大きさに切断して行う。
- 小口平タイルの引張接着力試験は、タイルと同一の大きさ・形状の鋼製アタッチメントを用いて行う。

注意 • タイルの $\frac{1}{2}$ の大きさではない！

試験体の個数	**セメントモルタルによるタイル後張り工法** 100 m^2 ごと及びその端数につき 1 個以上、かつ、全体で 3 個以上
	タイル先付けプレキャストコンクリート工法 100 m^2 ごと及びその端数につき 1 個以上、かつ、全体で 6 個以上
引張強度	**セメントモルタルによるタイル後張り工法** 0.4 N/mm^2 以上、かつ、コンクリート下地の接着界面における破壊率が 50 %以下
	タイル先付けプレキャストコンクリート工法 0.6 N/mm^2 以上

一次

Lesson 17 労働災害 公衆災害防止対策

度数率・強度率

どうする市庁舎
（度数率・死傷者数）

郷土の損失
（強度率・労働損失日数）

度数率は100万延労働時間当たりの死傷者数、強度率は1,000延労働時間当たりの労働損失日数を示している。

■労働災害に関する用語

労働災害	• 労働者が業務遂行中に業務に起因して受けた業務上の災害。 注意 • 物的災害は含まない！
労働者	• 所定の事業または事務所に使用される者で、賃金を支払われる者。
重大災害	• 一時に3名以上の労働者が死傷または罹病した災害。
度数率	• 災害発生の頻度を表すもので、100万延労働時間当たりの死傷者数を示す。 $度数率 = \frac{死傷者数}{延実労働時間数} \times 1{,}000{,}000$
強度率	• 災害の重さの程度を表すもので、1,000延労働時間当たりの労働損失日数を示す。 $強度率 = \frac{延労働損失日数}{延実労働時間数} \times 1{,}000$

労働損失日数	• 死亡及び永久全労働不能障害の場合、1 件につき 7,500 日とする。 • 一時労働不能の場合、暦日による休業日数に $\frac{300}{365}$ を乗じて算出する。
年千人率	• 労働者 1,000 人当たりの 1 年間の死傷者数を示す。 年千人率＝ $\frac{1\text{年間の死傷者数}}{1\text{年間の平均労働者数}} \times 1{,}000$

■公衆災害防止対策

防護棚（朝顔）

- 防護棚の設置には、道路管理者・所轄警察署長の許可を受ける。
- 防護棚は、建築工事等を行う部分が、地盤面からの高さが 10 m 以上の場合は 1 段以上、20 m 以上の場合は 2 段以上設ける。
- 最下段の防護棚は、建築工事等を行う部分の下 10 m 以内の位置に設ける。
- 各防護棚は、外部足場の外側から水平距離で 2 m 以上突き出させ、水平面となす角度を 20 度以上とする。
- 防護棚の板の厚みは木材の場合 30 mm 前後、鉄板の場合は 1.6 mm 以上とし、隙《すき》間《ま》なく張る。
- 外部足場の外側より水平距離で 2 m 以上の幅を有する防護構台を設けた場合は、最下段の防護棚は省略することができる。

解体工事における振動・騒音対策

- 内部スパン周りを先に解体し、外周スパンを最後まで残すことにより、解体する予定の躯体を防音壁として利用する。
- 振動レベルの測定器の指示値が周期的に変動するときは、変動ごとに指示値の最大値の平均値を振動レベルとする。

その他の対策

- 飛来落下物の防護、塗装や粉塵などの飛散防止のために足場の外側に設けた工事用シートは、JIS に定める建築工事用シートの 1 類を使用する。
- やむを得ず通行を制限する必要のある場合、制限後の車線が 1 車線となる場合には、その車道幅員は 3m 以上とし、2 車線となる場合には、その車道幅員は 5.5 m 以上とする。
- 歩行者の多い箇所には幅 1.5 m 以上、有効高さ 2.1 m 以上の歩行者用通路を確保する。

一次

Lesson 18 作業主任者

作業主任者の選任

ごめん！
(5m)
明日の組立てと解体の
(足場の組立て、解体)
作業をお願い！
(作業主任者を選任)

高さが5 m以上の足場の組立て、解体の作業は、作業主任者の選任を必要とする。

■作業主任者の選任

種　類	選任が必要となる作業
地山の掘削作業主任者	• 掘削面の高さが2 m以上となる地山の掘削の作業
土止め支保工作業主任者	• 土止め支保工の切りばり・腹起こしの取付け・取り外しの作業
はい作業主任者	• 高さが2 m以上のはい（倉庫・上屋・土場に積み重ねられた荷（小麦・大豆・鉱石等のばら物の荷を除く）の集団をいう）のはい付け・はい崩しの作業（荷役機械の運転者のみによって行われるものを除く）
型枠支保工の組立て等作業主任者	• 型枠支保工の組立て・解体の作業
足場の組立て等作業主任者	• つり足場（ゴンドラのつり足場を除く）、張出し足場または高さが5 m以上の構造の足場の組立て・解体・変更の作業

建築物等の鉄骨の組立て等作業主任者	• 建築物の骨組みまたは塔であって、金属製の部材により構成されるもの（その高さが 5 m 以上であるものに限る）の組立て・解体・変更の作業
木造建築物の組立て等作業主任者	• 軒の高さが 5 m 以上の木造建築物の構造部材の組立てまたはこれに伴う屋根下地・外壁下地の取付けの作業 注意 • 解体作業においては選任しなくてよい！
コンクリート造の工作物の解体等作業主任者	• コンクリート造の工作物（その高さが 5 m 以上であるものに限る）の解体・破壊の作業
有機溶剤作業主任者	• 屋内作業場・タンク・船倉・坑の内部その他の所定の場所において有機溶剤を製造し、または取り扱う業務で、政令で定めるものに係る作業
石綿作業主任者	• 石綿もしくは石綿をその重量の 0.1 %を超えて含有する製剤その他の物を取り扱う作業

■作業主任者の主な職務

①作業の方法を決定し、作業を直接指揮すること。

②作業の方法及び労働者の配置を決定し、作業の進行状況を監視すること。

③器具、工具、要求性能墜落制止用器具等及び保護帽の機能を点検し、不良品を取り除くこと。

④要求性能墜落制止用器具等及び保護帽の使用状況を監視すること。

■作業主任者の職務に含まれないもの

- 作業の方法及び順序を作業計画として定めること。
- 強風等の悪天候により危険が予想されるときに作業を中止すること。

■注意を要する職務

- 材料の欠点の有無を点検し、不良品を取り除くことは、型枠支保工の組立て等作業主任者・足場の組立て等作業主任者の職務には含まれるが、木造建築物の組立て等作業主任者等の職務には含まれない。

プラスα　石綿作業主任者の職務

- 周辺住民の健康障害を予防するため、敷地境界での計測を定期的に行うことは、石綿作業主任者の職務ではない！

一次　二次

Lesson 19 足場の安全管理

作業床の床材の幅

作業は　予鈴がなるまで
(作業床)　(40 cm)

皆さん
(3 cm)

スッキリ片付けしましょう
(隙間)

作業床の床材の幅は40 cm 以上とし、つり足場の場合を除き床材間の隙間は3 cm 以下とする。

■足場の規定

作業床

つり足場以外	幅	40 cm 以上
	床材間の隙間	3 cm 以下
	床材と建地との隙間	12 cm 未満
つり足場	幅	40 cm 以上
	床材間の隙間	0 cm

単管足場

壁つなぎの間隔	垂直方向 5 m 以下・水平方向 5.5 m 以下
建地の間隔	けた行方向 1.85 m 以下・はり間方向 1.5 m 以下
地上第一の布の高さ	2 m 以下

建地間の積載荷重	400 kg 以下

- 単管足場の建地を鋼管 2 本組とする部分は、建地の最高部から測って 31 m を超える部分とする。

枠組足場

- 高さが 5 m 以上の枠組足場の壁つなぎの間隔は、垂直方向 9 m 以下・水平方向 8 m 以下とする。
- 高さが 20 m を超える枠組足場の主枠間の間隔は、1.85 m 以下とする。
- 枠組足場の使用高さは、通常使用の場合、45 m 以下とする。
- 枠組足場に設ける水平材は、最上層及び 5 層以内ごととする。

くさび緊結式足場

- 支柱の間隔は、けた行方向 1.85 m 以下・はり間方向 1.5 m 以下とする。
- 壁つなぎの間隔は、垂直方向 5 m 以下・水平方向 5.5 m 以下とする。

移動式足場

- 作業床の周囲は、高さ 90 cm 以上で中桟付きの丈夫な手すり及び高さ 10 cm の幅木を設置する。

脚立足場

- 足場板は 3 点支持以上、支持点からのはね出し長さは 10 cm 以上、かつ、足場板の長さの $\frac{1}{18}$ 以下、重ね長さは支点の上で 20 cm 以上とする。

■昇降設備等

- 事業者は、高さ・深さが 1.5 m を超える箇所で作業を行うときは、昇降するための設備等を設けなければならない。

移動はしご

- 移動はしごの幅は、30 cm 以上とする。

架設通路

- 架設通路の勾配は 30 度以下とし、勾配が 15 度を超えるものには、踏さんその他の滑止めを設ける。
- 建設工事に使用する高さ 8 m 以上の登り桟橋には、7 m 以内ごとに踊《おどり》場《ば》を設ける。

プラスα　つり足場の作業床

- つり足場の作業床の下方または側方に網・シートを設ける等、墜落・物体の落下による労働者の危険防止措置を講じたときは、作業床に関する規定は適用されない。

一次 二次

Lesson 20 安全管理上の事業者の責務（1）

車両系建設機械の作業

バケツをつるしたまま
(バケットを上げたまま)
持ち場を離れちゃだめだよ
(運転位置を離れてはならない)

車両系建設機械の運転者が運転位置から離れるときは、バケットを地上に下ろし、建設機械の逸走を防止しなければならない。

事業者の講ずべき措置

墜落等による危険の防止

- 高さが 2 m 以上の箇所で作業を行う場合、作業に従事する労働者が墜落するおそれのあるとき、作業床を設けなければならない。
- 高さが 2 m 以上の箇所で作業を行う場合、強風・大雨・大雪等の悪天候のため危険が予想されるときは、労働者を作業に従事させてはならない。
- 高さが 2 m 以上の箇所で作業を行う場合、作業を安全に行うため必要な照度を保持しなければならない。
- 高さ・深さが 1.5 m を超える箇所で作業を行うときは、原則として、当該作業に従事する労働者が安全に昇降するための設備等を設けなければならない。

飛来崩壊災害による危険の防止

- 3 m 以上の箇所から物体を投下する場合、適当な投下設備を設け、監視人を置く等労働者の危険を防止するための措置を講じなければならない。

足場の組立て等における危険の防止

- つり足場を除く、足場における作業を行うときは、点検者を指名して、その日の作業を開始する前に、脚部の沈下及び滑動の状態について点検させなければならない。
- つり足場の上で、脚立・はしご等を用いて労働者に作業させてはならない。
- 作業構台の変更の後において、作業構台における作業を行うときは、作業を開始する前に、支柱・はり・筋かい等の緊結部、接続部及び取付部のゆるみの状態について点検を行わなければならない。

機械による危険の防止

- 繊維ロープを貨物自動車の荷掛けに使用するときは、その日の使用を開始する前に、繊維ロープの点検を行わなければならない。

車両系建設機械の使用に係る危険の防止

- 岩石の落下等により労働者に危険が生ずるおそれのある場所で、車両系建設機械を使用するときは、機械に堅固なヘッドガードを備えなければならない。
- 車両系建設機械の運転者が運転位置から離れるときは、バケット・ジッパー等の作業装置を地上におろさせなければならない。
- 車両系建設機械のブームを上げ、その下で修理、点検を行うときは、ブームが不意に降下することによる労働者の危険を防止するため、安全支柱・安全ブロック等を使用させなければならない。
- 車両系建設機械の定期自主検査を行ったときは、検査年月日等の事項を記録し、これを 3 年間保存しなければならない。

木造建築物の組立て等の作業における危険の防止

- 軒の高さが 5 m 以上の木造建築物の構造部材の組立てまたはこれに伴う外壁下地の取付けの作業を行う区域内には、関係労働者以外の労働者の立入りを禁止する措置を講じなければならない。

掘削作業等における危険の防止

- 土止め支保工を設けたときは、原則として、その後 7 日をこえない期間ごとに、切りばりの緊圧の度合について点検を行わなければならない。

■特定元方事業者が労働災害防止のために講ずべき措置

①協議組織の設置及び運営を行うこと。

②作業間の連絡及び調整を行うこと。

③作業場所を巡視すること。

④関係請負人が行う労働者の安全または衛生のための教育に対する指導及び援助を行うこと。

一次 二次

Lesson 21 安全管理上の事業者の責務（2）

落成検査の荷重試験

定価の果汁を
（定格荷重）
人にごちそう
（1.25倍）

落成検査における荷重試験は、クレーンの定格荷重の1.25倍に相当する荷重の荷をつって行う。

移動式クレーン（つり上げ荷重 0.5 t 以上）の安全管理

- 移動式クレーンを設置しようとする事業者は、認定を受けた事業者を除き、移動式クレーン設置報告書を所轄労働基準監督署長に提出しなければならない。
- 事業者は、移動式クレーンを用いて作業を行うときは、あらかじめ、次の事項を定めなければならない。
  ① 移動式クレーンによる作業の方法
  ② 移動式クレーンの転倒を防止するための方法
  ③ 移動式クレーンによる作業に係る労働者の配置及び指揮の系統
- 事業者は、移動式クレーンの運転者に単独で作業を行わせるときを除き、移動式クレーンの運転について一定の合図を定め、合図を行なう者を指名して、その者に合図を行わせなければならない。
- 作業の性質上やむを得ない場合等を除き、移動式クレーンにより、労働者を運搬し、または労働者をつり上げて作業させてはならない。
- 事業者は、移動式クレーンに係る作業を行うときは、当該移動式クレーンの上部旋回体の旋回範囲内に労働者を立ち入らせてはならない。

- 強風により作業を中止した場合、移動式クレーンが転倒するおそれのあるときは、ジブの位置を固定させる等により転倒による危険を防止するための措置を講じなければならない。

玉《たま》掛《が》け作業の安全管理

- 移動式クレーンの玉掛け用具であるワイヤロープは、安全係数が 6 以上でなければ使用してはならない。
- 直径の減少が公称径の 7 %を超えるワイヤロープは、使用してはならない。

ゴンドラを使用する作業の安全管理

- ゴンドラの検査証の有効期間は 1 年であり、保管状況が良好であれば 2 年を超えず、かつ、当該ゴンドラを設置した日から起算して 1 年を超えない範囲内で延長することができる。
- ゴンドラの操作の業務に労働者をつかせるときは、当該業務に関する安全のための特別の教育を行わなければならない。
- 事業者は、ゴンドラを操作する者に単独で作業を行わせるときを除き、ゴンドラの操作について一定の合図を定め、合図を行う者を指名して、その者に合図を行わせなければならない。
- つり下げのためのワイヤロープが 1 本であるゴンドラで作業を行うときは、要求性能墜落制止用器具等を当該ゴンドラ以外のものに取り付けなければならない。
- つり下げのためのワイヤロープが 2 本のゴンドラでは、要求性能墜落制止用器具等をゴンドラに取り付けて作業を行うことができる。
- ゴンドラを使用して作業を行う場所については、当該作業を安全に行うため必要な照度を保持しなければならない。
- ゴンドラを使用して作業するときは、原則として、1 月以内ごとに 1 回、定期に自主検査を行い、定期自主検査を行ったときは、その結果を記録し、これを 3 年間保存しなければならない。

プラスα　クレーンの落成検査

- 落成検査における荷重試験は、クレーンの定格荷重の 1.25 倍に相当する荷重の荷をつって行う。

一次

Lesson 22 安全管理上の事業者の責務（3）

局所排気装置の点検

この曲ハイキー
（局所排気装置）
いまひとつ聞こえないで
（1月超えない）
点検

有機溶剤業務に係る局所排気装置は、1月を超えない期間ごとに1回、定期に、有機溶剤作業主任者に点検させなければならない。

■有機溶剤業務の安全管理

有機溶剤作業主任者の職務

①作業に従事する労働者が有機溶剤により汚染され、またはこれを吸入しないように、作業の方法を決定し、労働者を指揮すること。
②局所排気装置・プッシュプル型換気装置・全体換気装置を1月を超えない期間ごとに点検すること。
　注意 • 3月ではない！
③保護具の使用状況を監視すること。
④タンクの内部において有機溶剤業務に労働者が従事するときは、所定の措置が講じられていることを確認すること。

局所排気装置の定期自主検査

• 有機溶剤業務に係る局所排気装置は、原則として1年以内ごとに1回、定期に、所定の事項について自主検査を行わなければならない。

掲示

• 屋内作業場等において有機溶剤業務に労働者を従事させるときは、次の事項を、見やすい場所に掲示しなければならない。

① 有機溶剤により生ずるおそれのある疾病の種類及びその症状
② 有機溶剤等の取扱い上の注意事項
③ 有機溶剤による中毒が発生したときの応急処置
④ 所定の場所にあっては、有効な呼吸用保護具を使用しなければならない旨及び使用すべき呼吸用保護具

有機溶剤等の区分の表示

- 屋内作業場等において有機溶剤業務に労働者を従事させるときは、有機溶剤業務に係る有機溶剤等の区分を、色分け及び色分け以外の方法により、見やすい場所に表示しなければならない。

測定

- 有機溶剤濃度の測定を必要とする業務を行う屋内作業場について、原則として 6 月以内ごとに 1 回、定期に、濃度の測定を行わなければならない。

健康診断

- 原則として、労働者の雇い入れの際、当該業務への配置換えの際及びその後 6 月以内ごとに 1 回、定期に、所定の事項について医師による健康診断を行わなければならない。

有機溶剤等の貯蔵

- 有機溶剤等を屋内に貯蔵するときは、有機溶剤等が発散するおそれのないふたまたは栓をした堅固な容器を用いるとともに、有機溶剤の蒸気を屋外に排出する設備を設けなければならない。

■酸素欠乏危険作業の安全管理

- 酸素欠乏危険場所での空気中の酸素の濃度測定は、その日の作業を開始する前に行わなければならない。
- 酸素欠乏危険場所で空気中の酸素の濃度測定を行ったときは、その記録を 3 年間保存しなければならない。
- 酸素欠乏危険作業については、所定の技能講習を修了した者のうちから、酸素欠乏危険作業主任者を選任しなければならない。

  注意 • 衛生管理者ではない！
- 酸素欠乏危険作業に労働者を就かせるときは、当該労働者に対して酸素欠乏危険作業に係る特別の教育を行わなければならない。
- 酸素欠乏危険場所では、原則として、空気中の酸素の濃度を 18 %以上に保つように換気しなければならない。

一次

Lesson 01 建築基準法（1）

主要構造部

2K
（壁・階段）

2H
（柱・はり）

2Y
（床・屋根）

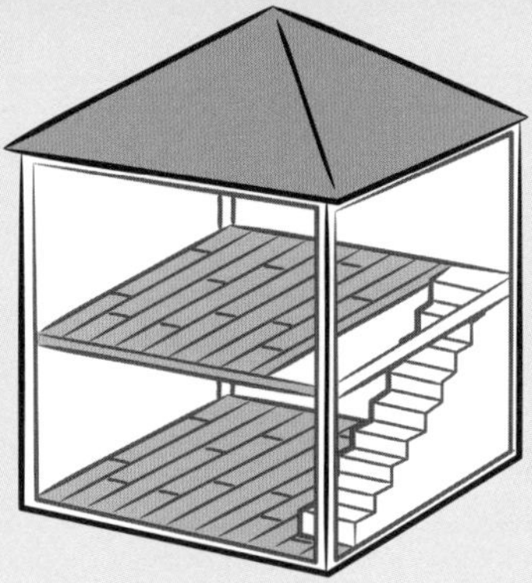

建築基準法にいう主要構造部とは、壁、柱、床、はり、屋根または階段をいう。

■用語の定義

建築物	• 土地に定着する工作物のうち、屋根・柱・壁を有するもの、これに附属する門・塀。 • 観覧のための工作物、地下・高架の工作物内に設ける事務所・店舗・興行場・倉庫その他これらに類する施設（鉄道及び軌道の線路敷地内の運転保安に関する施設並びに跨線橋、プラットホームの上家、貯蔵槽その他これらに類する施設を除く）。 • 建築設備。
特殊建築物	• 学校・体育館・病院・劇場・観覧場・集会場・展示場・百貨店・市場・ダンスホール・遊技場・公衆浴場・旅館・共同住宅・寄宿舎・下宿・工場・倉庫・自動車車庫・危険物の貯蔵場・と畜場・火葬場・汚物処理場その他これらに類する用途に供する建築物。 注意 • 事務所の用途に供する建築物は、特殊建築物ではない！

建築設備	• 建築物に設ける電気・ガス・給水・排水・換気・暖房・冷房・消火・排煙・汚物処理の設備。 • 煙突・昇降機・避雷針。
居室	• 居住・執務・作業・集会・娯楽その他これらに類する目的のために継続的に使用する室。 注意 • 百貨店の売場は、居室である！
主要構造部	• 壁・柱・床・はり・屋根・階段。 • 建築物の構造上重要でない間仕切壁・間柱・付け柱・揚げ床・最下階の床・回り舞台の床・小ばり・ひさし・局部的な小階段・屋外階段その他これらに類する建築物の部分を除く。 注意 • 基礎は、主要構造部ではない！
設計図書	• 建築物、その敷地等に関する工事用の図面（現寸図その他これに類するものを除く）・仕様書。
建築	• 建築物を新築・増築・改築・移転すること。
大規模の修繕	• 建築物の主要構造部の１種以上について行う過半の修繕。
大規模の模様替	• 建築物の主要構造部の１種以上について行う過半の模様替。
建築主	• 建築物に関する工事の請負契約の注文者または請負契約によらないで自らその工事をする者。
工事施工者	• 建築物、その敷地等に関する工事の請負人または請負契約によらないで自らこれらの工事をする者。
敷地	• １の建築物または用途上不可分の関係にある２以上の建築物のある一団の土地。
地階	• 床が地盤面下にある階で、床面から地盤面までの高さがその階の天井の高さの $\frac{1}{3}$ 以上のもの。

プラスα ガラス

• ガラスは不燃材料であり、耐水材料でもある。

一次

Lesson 02 建築基準法（2）

確認申請

新生児
（確認申請）

主に
（建築主）

主人にあずける
（建築主事）

建築における確認申請は、建築主が建築主事等に提出する。

■適用の除外

- 建築基準法の規定は、文化財保護法の規定によって国宝・重要文化財等に指定され、または仮指定された建築物については適用しない。
- 建築基準法の規定は、条例の定めるところにより現状変更の規制及び保存のための措置が講じられている建築物であって、特定行政庁が建築審査会の同意を得て指定したものには適用しない。
- 文化財保護法の規定によって国宝等に指定されていた建築物の原形を再現するもので、特定行政庁が建築審査会の同意を得てその原形の再現がやむを得ないと認めたものについては、建築基準法並びにこれに基づく命令及び条例の規定を適用しない。

■一級建築士でなければできない設計・工事監理

- 以下の建築物の設計・工事監理は、一級建築士でなければしてはならない。

①学校・病院・劇場・映画館等または百貨店の用途に供する建築物で、延べ面積が 500 m^2 をこえるもの

②木造の建築物または建築物の部分で、高さが 13 m または軒の高さが 9 m を超えるもの
③鉄筋コンクリート造・鉄骨造等の建築物または建築物の部分で、延べ面積が 300 m^2、高さが 13 m または軒の高さが 9 m をこえるもの
④延べ面積が 1,000 m^2 を超え、かつ、階数が 2 以上の建築物

- 建築主は、上記の工事をする場合においては、一級建築士である工事監理者を定めなければならない。

■建築確認

- 建築主は、以下の建築物を建築（大規模の修繕・大規模の模様替を含む）しようとする場合は、建築確認の申請書を提出して建築主事の確認を受け、確認済証の交付を受けなければならない。

①木造の建築物で 3 以上の階数を有し、または延べ面積が 500 m^2、高さが 13 m もしくは軒の高さが 9 m を超えるもの
②木造以外の建築物で 2 以上の階数を有し、または延べ面積が 200 m^2 を超えるもの

- 防火地域及び準防火地域外において建築物を増築・改築・移転しようとする場合で、その増築・改築・移転に係る部分の床面積の合計が 10 m^2 以内であるときについては、建築確認申請書の提出は必要ない。

■完了検査・中間検査等

- 確認済証の交付を受けた建築物の完了検査を受けようとする建築主は、工事が完了した日から 4 日以内に建築主事に到達するように、検査の申請をしなければならない。
- 建築主は、指定確認検査機関による完了検査を受ける場合は、建築主事に対して完了検査の申請をしなくてもよい。
- 鉄筋コンクリート造 3 階建て以上の共同住宅において、2 階の床及びこれを支持する梁に鉄筋を配置する特定工程に係る工事を終えたときは、中間検査の申請をしなければならない。
- 特定工程後の工程に係る工事は、当該特定工程に係る中間検査合格証の交付を受けた後でなければ、施工することはできない。
- 建築確認に係る建築物の新築工事等で、特定行政庁の仮使用の承認を受けたときは、建築主は検査済証の交付を受ける前においても、仮に、当該建築物を使用することができる。

一次

Lesson 03 建築基準法（3）

施工の停止命令

ギョッ！　成長
（特定行政庁）
だれか止めて！
（停止）

特定行政庁は、建築基準法令の規定に違反した建築物に関する工事の請負人に対して、当該工事の施工の停止を命じることができる。

■建築基準法の諸規定

維持保全	• 建築物の所有者・管理者・占有者は、建築物の敷地・構造・建築設備を常時適法な状態に維持するよう努めなければならない。
違反建築物に対する措置	• 特定行政庁は、建築基準法に違反した建築物の工事の請負人に、当該工事の施工の停止を命じることができる。 注意 • 建築主事ではない！ • 特定行政庁は、飲食店に供する床面積が 200 m^2 を超える建築物の劣化が進み、そのまま放置すれば著しく保安上危険となると認める場合、相当の猶予期限を付けて、所有者に対し除却を勧告することができる。
報告	• 建築主事・建築監視員は、建築物の工事施工者に対して、当該工事の施工の状況に関する報告を求めることができる。

身分証明書の携帯	• 建築主事・建築監視員等は、建築工事場に立ち入る場合においては、身分証明書を携帯し、関係者に提示しなければならない。
届出	• 床面積の合計が 10 m^2 を超える建築物を除却しようとする場合においては、原則として、当該除却工事の施工者は、建築主事を経由して、その旨を都道府県知事に届け出なければならない。
居室の換気	• 居室には、原則として、その居室の床面積の $\frac{1}{20}$ 以上の換気に有効な部分の面積を有する窓その他の開口部を設けなければならない。
昇降機	• 高さ 31 m を超える建築物には、原則として、非常用の昇降機を設けなければならない。

■内装制限を受ける特殊建築物等

- 自動車車庫
- 主要構造部を耐火構造とした地階に設ける飲食店
- 内装制限を受ける百貨店の売場から地上に通ずる主たる廊下の室内に面する壁のうち、床面からの高さが 1.2 m 以下の部分

注意 • 主要構造部を耐火構造とした学校の 1 階に設ける調理室は、内装制限を受けない！

■用途の変更等

- 建築物の用途を変更して、建築確認が必要な特殊建築物とする場合は、原則として、確認済証の交付を受けなければならない。
- 昇降機その他の建築設備を建築確認が必要な建築物に設ける場合は、原則として、確認済証の交付を受けなければならない。

プラスα　無窓の居室等の主要構造部

- 政令で定める窓その他の開口部を有しない居室は、原則として、その居室を区画する主要構造部を耐火構造とし、または不燃材料で造らなければならない。

第1部 ゴロ合わせ編
第6章 法規

一次

Lesson 04 建築基準法（4）

防火区画

いいかい
（11階以上）

100丁で　ぼかぁガクガク
（100 m^2 超・防火区画）

建築物の11階以上の部分で、各階の床面積の合計が100 m^2 を超えるものは、原則として防火区画が必要となる。

■階段・踊場の寸法

階段の種別	階段・踊場の幅	蹴上げの寸法	踏面の寸法
• 中学校・高等学校・中等教育学校における生徒用のもの • 物品販売業を営む店舗（床面積の合計が 1,500 m^2 超） • 劇場・映画館等における客用のもの	140 cm 以上	18 cm 以下	26 cm 以上

- 回り階段の部分における踏面の寸法は、踏面の狭い方の端から 30 cm の位置において測る。

■防火区画

防火区画が必要な部分

- 主要構造部を耐火構造とした建築物で、延べ面積が 1,500 m^2 を超えるものは、原則として床面積の合計 1,500 m^2 以内ごと。

- 建築物の 11 階以上の部分で、各階の床面積の合計が 100 m^2 を超えるものは、原則として、床面積の合計 100 m^2 以内ごと。
- 主要構造部を準耐火構造とした建築物で、地階または 3 階以上の階に居室を有するものの吹抜きとなっている部分、階段の部分、昇降機の昇降路の部分等。
- 建築物の一部が、耐火建築物等としなければならない特殊建築物に該当するものの当該部分。

防火区画が不要な部分

- 主要構造部を準耐火構造とした階数が 3 以下で延べ面積が 200 m^2 以内の一戸建ての住宅における吹抜きとなっている部分、階段の部分、昇降機の昇降路の部分等。

その他防火区画に関する規定

- 給水管・配電管その他の管が準耐火構造の防火区画を貫通する場合は、そのすき間をモルタルその他の不燃材料で埋めなければならない。
- 換気設備のダクトが準耐火構造の防火区画を貫通する場合には、火災により煙が発生した場合または火災により温度が急激に上昇した場合に自動的に閉鎖する構造の防火ダンパーを設けなければならない。

■廊下・避難階段・出入口

- 映画館の客用に供する屋外への出口の戸は、内開きとしてはならない。
- 両側に居室がある場合の、小学校の児童用の廊下の幅は、2.3 m 以上としなければならない。
- 集会場で、避難階以外の階に集会室を有するものは、その階から避難階または地上に通ずる 2 以上の直通階段を設けなければならない。
- 避難階段から屋外に通ずる出口に設ける戸の施錠装置は、原則として、屋内からかぎを用いることなく解錠できるものとする。

■非常用の照明装置・進入口

- 学校等には、非常用の照明装置を設けなくてもよい。
- 非常用の照明装置は、火災時において温度が上昇した場合でも光度が低下しないものとし、予備電源を設けなければならない。
- 建築物の高さ 31 m 以下の部分にある 3 階以上の階には、原則として、非常用の進入口を設けなければならない。

一次

Lesson 05 建設業法（1）

建設業の許可を必要としない工事

いまならー式まとめて
（建築一式工事）
1500 円！
（1500 万円）
バラなら 500 円だよ
（500 万円）

工事１件の請負代金の額が 1,500 万円に満たない建築一式工事、建築一式工事以外の場合においては 500 万円に満たない工事のみを請け負う場合は、建設業の許可を必要としない。

■建設業の許可

許可の種類

営業所を置く都道府県の数	2 以上	国土交通大臣許可
	1	都道府県知事許可
下請代金の額	4,500 万円（建築工事業は 7,000 万円）未満	一般建設業許可
	4,500 万円（建築工事業は 7,000 万円）以上	特定建設業許可

許可を受けなくてもよい軽微な建設工事

- 工事１件の請負代金の額が 500 万円（建築一式工事の場合は、1,500 万円）に満たない工事
- 建築一式工事のうち延べ面積が $150m^2$ に満たない木造住宅工事

- 特定建設業の許可を受けた者でなければ、発注者から直接請け負った建設工事を施工するために、建築工事業にあっては下請代金の額の総額が 6,000 万円以上となる下請契約を締結してはならない。
- 内装仕上工事など建築一式工事以外の工事を請け負う建設業者であっても、特定建設業の許可を受けることができる。
- 建設業者は、2 以上の建設工事の種類について建設業の許可を受けることができる。
- 建設業の許可は、5 年ごとにその更新を受けなければ、その期間の経過によって、その効力を失う。
- 建設業の許可の更新を受けようとする者は、有効期間満了の日前 30 日までに許可申請書を提出しなければならない。
- 一般建設業の許可を受けた者が、当該許可に係る建設業について、特定建設業の許可を受けたときは、一般建設業の許可は、その効力を失う。
- 建設業者は、許可を受けた建設業に係る建設工事を請け負う場合、当該建設工事に附帯する他の建設業に係る建設工事を請け負うことができる。
- 許可を受けた建設業を廃止したときは、30 日以内にその旨を届け出なければならない。
- 建設業の許可を受けた建設業者は、許可を受けてから 1 年以内に営業を開始せず、または引き続いて 1 年以上営業を休止した場合は、当該許可を取り消される。

許可の基準

- 建設業の許可を受けようとする者は、その営業所ごとに、一定の資格または実務経験を有する専任の技術者を置かなければならない。
- 建設業の許可を受けようとする者は、許可を受けようとする建設業に係る建設工事に関して 10 年の実務の経験を有する者を、一般建設業の営業所に置く専任の技術者とすることができる。
- 特定建設業の許可を受けようとする者は、発注者との間の請負契約で、その請負代金の額が 8,000 万円以上であるものを履行するに足りる財産的基礎を有していなければならない。

特定建設業許可に係る指定建設業の種類

①土木工事業　②建築工事業　③電気工事業　④管工事業
⑤鋼構造物工事業　⑥舗装工事業　⑦造園工事業

一次 二次

Lesson 06 建設業法（2）

建設工事の見積期間

このイチゴ、5000円
（15日以上・5000万円以上）

市場では498円だったのに
（1日以上・500万円未満）

マージン十分すぎるよ
（500万円以上5000万円未満・10日）

建設工事の見積期間は、工事1件の予定価格が500万円に満たない工事については1日以上、5,000万円以上の工事については15日以上、その中間の価格帯の工事については10日以上とする。

■請負契約書面の主な記載内容

- 注文者が工事の全部または一部の完成を確認するための検査の時期及び方法並びに引渡しの時期
- 工事完成後における請負代金の支払の時期及び方法
- 各当事者の履行の遅滞その他債務の不履行の場合における遅延利息、違約金その他の損害金
- 契約に関する紛争の解決方法

- 建設工事の請負契約の締結に際して書面による契約内容の明記に代えて、情報通信の技術を利用した一定の措置による契約の締結を行うことができる。

■現場代理人

- 請負人は、工事現場に現場代理人を置く場合、その権限に関する事項及びその現場代理人の行為についての注文者の請負人に対する意見の申出の方法を、注文者に通知しなければならない。　注意 •注文者の承諾は必要ない！
- 注文者は、工事現場に監督員を置く場合、当該監督員の権限に関する事項及びその行為についての請負人の注文者に対する意見の申出の方法に関し、書面により請負人に通知しなければならない。
- 請負人は、請負契約の履行に関し工事現場に現場代理人を置く場合に、注文者の承諾を得て、現場代理人に関する事項を、省令で定める情報通信の技術を利用する方法で通知することができる。

■請負契約に係る諸規定

- 注文者は、請負契約の締結後、自己の取引上の地位を不当に利用して、建設工事に使用する資材や機械器具の購入先を指定して請負人に購入させ、その利益を害してはならない。
- 建設業者は、建設工事の注文者から請求があったときは、請負契約が成立するまでの間に、建設工事の見積書を交付しなければならない。
- 建設業者は、共同住宅を新築する建設工事を請け負った場合、いかなる方法をもってするかを問わず、一括して他人に請け負わせてはならない。
- 注文者は、請負人に対して、建設工事の施工につき著しく不適当と認められる下請負人があるときは、あらかじめ注文者の書面等による承諾を得て選定した下請負人である場合を除き、その変更を請求することができる。

■元請負人の義務

- 元請負人は、その請け負った建設工事を施工するために必要な工程の細目、作業方法その他元請負人において定めるべき事項を定めようとするときは、あらかじめ、下請負人の意見をきかなければならない。
- 元請負人は、請負代金の出来形《できがた》部分に対する支払または工事完成後における支払を受けたときは、当該支払の対象となった建設工事を施工した下請負人に対して、当該元請負人が支払を受けた金額の出来形に対する割合及び出来形部分に相応する下請代金を、当該支払を受けた日から１月以内で、かつ、できる限り短い期間内に支払わなければならない。
- 元請負人は、前払金の支払を受けたときは、下請負人に対して、資材の購入、労働者の募集その他建設工事の着手に必要な費用を前払金として支払うよう適切な配慮をしなければならない。

一次 二次

Lesson 07 建設業法（3）

専任の主任技術者の配置

皇居に大勢集まって
（公共）　（多数が利用）

制限以上になったら
（規定の請負金額以上）

現場の主任は
（現場の主任技術者）

1000 人にしてね
（専任）

公共性のある施設や多数の者が利用する施設に関する重要な工事で、請負代金の額が規定の金額以上になる場合、工事現場ごとに専任の主任技術者を置かなければならない。

■工事現場に置く技術者

主任技術者及び監理技術者の設置等

- 建設業者は、その請け負った建設工事を施工するときは、原則として、主任技術者を置かなければならない。
- 発注者から直接建設工事を請け負った特定建設業者は、下請契約の総額が4,500 万円（建築工事業の場合は、7,000 万円）以上になる場合は、監理技術者を置かなければならない。

専任の主任技術者・監理技術者を必要とする建設工事

- 公共性のある施設または多数の者が利用する施設に関する重要な建設工事で、政令で定めるものについては、主任技術者・監理技術者は、原則として、工事現場ごとに、専任の者でなければならない。

- 工事1件の請負代金の額が4,000万円（建築一式工事の場合は、8,000万円）以上のものである場合は、主任技術者・監理技術者は、原則として、工事現場ごとに、専任の者でなければならない。

監理技術者の兼任

- 発注者から直接建設工事を請け負った特定建設業者が、監理技術者の行うべき職務を補佐する者として、監理技術者補佐を工事現場に専任で置くときは、監理技術者は、工事現場ごとに、専任の者でなくてもよい。
- 監理技術者が兼務してもよい工事現場の数は、2件である。

主任技術者の兼任

- 専任の主任技術者を必要とする建設工事のうち、密接な関係のある2以上の建設工事を同一の建設業者が同一の場所または近接した場所において施工するものについては、同一の専任の主任技術者がこれらの建設工事を管理することができる。

監理技術者の選任要件

- 工事現場ごとに、専任の者でなければならない監理技術者は、監理技術者資格者証の交付を受けた者で、所定の講習を受講したもののうちから選任しなければならない。
- 専任の者でなければならない監理技術者は、当該選任の期間中のいずれの日においても国土交通大臣の登録を受けた講習を受講した日の属する年の翌年から起算して5年を経過しない者でなければならない。

主任技術者・監理技術者の職務等

- 主任技術者及び監理技術者は、工事現場における建設工事を適正に実施するため、当該建設工事の施工計画の作成、工程管理、品質管理その他の技術上の管理及び当該建設工事の施工に従事する者の技術上の指導監督の職務を誠実に行わなければならない。
- 工事現場における建設工事の施工に従事する者は、主任技術者または監理技術者がその職務として行う指導に従わなければならない。

プラスα　特定専門工事の主任技術者

- コンクリートの打設に用いる型枠の組立てに関する工事及び鉄筋工事で、下請契約の請負代金の総額が4,000万円未満となる工事の元請負人及び下請負人は、その合意により、元請負人が置く主任技術者に下請負人の置くべき主任技術者の職務を兼務させることができる。

一次

Lesson 08 労働基準法

休憩時間

記録を超えたら
(6時間を超える)
祝杯はしご
(45分)
やけっぱちなら
(8時間)
1軒だけ
(1時間)

使用者は、労働時間が6時間を超える場合は少なくとも45分、8時間を超える場合は少なくとも1時間の休憩時間を与えなければならない。

■労働契約

- この法律で定める基準に達しない労働条件を定める労働契約は、その部分については無効であり、この法律に定められた基準が適用される。

契約期間等

- 労働契約は、契約期間の定めのないものを除き、一定の事業の完了に必要な契約期間を定めるもののほかは、原則として3年を超える契約期間について締結してはならない。
- 満60歳以上の労働者との間に締結される労働契約は、契約期間の定めのないものを除き、一定の事業の完了に必要な期間を定めるもののほかは、5年を超える期間について締結してはならない。

解雇制限

- 使用者は、労働者が業務上負傷し、または疾病にかかり療養のために休業する期間及びその後30日間は、解雇してはならない。

- 使用者が打切補償を支払う場合、または天災事変その他やむを得ない事由のために事業の継続が不可能となった場合においては、上記30日以内でも解雇することができる。

解雇の予告

- 使用者は、労働者を解雇しようとする場合においては、少なくとも30日前にその予告をしなければならない。
- 天災事変その他やむを得ない事由のために事業の継続が不可能となった場合、または労働者の責に帰すべき事由に基づいて解雇する場合においては、予告なしに解雇することができる。

退職時等の証明・金品の返還

- 労働者が、退職の場合において、使用期間、業務の種類、その事業における地位等について証明書を請求した場合においては、使用者は、遅滞なくこれを交付しなければならない。
- 使用者は、労働者の死亡・退職の場合において、権利者の請求があった場合においては、7日以内に賃金を支払い、労働者の権利に属する金品を返還しなければならない。

休憩

- 使用者は、原則として、労働者に対し休憩時間を一斉に与えなければならない。
- 使用者は、休憩時間を自由に利用させなければならない。

休日・年次有給休暇

- 使用者は、労働者に対し毎週少なくとも1回の休日を与えるか、または4週間を通じ4日以上の休日を与えなければならない。
- 使用者は、事業の正常な運営を妨げられない限り、労働者の請求する時季に年次有給休暇を与えなければならない。

年少者

- 親権者・後見人は、未成年者に代わって労働契約を締結してはならない。
- 使用者は、満18歳に満たない者を午後10時から午前5時までの間において使用してはならないが、交替制によって使用する満16歳以上の男性については、この限りでない。

プラスα　補助作業の業務

- 事業者は、満18歳未満の者を、2人以上で行う玉掛け業務の補助作業、足場の組立・解体・変更業務の地上・床上での補助作業に就かせることができる。

一次 二次

Lesson 09 労働安全衛生法（1）

総括安全衛生管理者・統括安全衛生責任者

ソースかつ 100 人前
（総括）（100 人以上）

とんかつ 50 人前
（統括）（50 人以上）

総括安全衛生管理者は常時 100 人以上、統括安全衛生責任者は常時 50 人以上の事業場に選任。

■安全衛生管理体制

選任すべき者	事業場の規模（常時就労労働者の最少人員）
総括安全衛生管理者	100 人
統括安全衛生責任者	50 人 （ずい道等・橋梁の建設の仕事、圧気工法による作業を行う仕事は 30 人）
店社安全衛生管理者	50 人 （ずい道等・橋梁の建設の仕事、圧気工法による作業を行う仕事、主要構造部が鉄骨造・鉄骨鉄筋コンクリート造である建築物の建設の仕事は 20 人）

安全管理者 衛生管理者 産業医	50 人
安全衛生推進者 衛生推進者	10 人以上 50 人未満

■統括安全衛生責任者・元方安全衛生管理者

- 特定元方事業者は、その労働者及びその関係請負人の労働者の作業が同一の場所において行われることによって生ずる労働災害を防止するため、統括安全衛生責任者を選任し、その者に元方安全衛生管理者の指揮をさせなければならない。
- 統括安全衛生責任者は、事業を行う場所において、その事業の実施を統括管理する者でなければならない。
- 都道府県労働局長は、労働災害を防止するため必要があると認めるときは、統括安全衛生責任者の業務の執行について事業者に勧告することができる。
  注意 • 解任を命ずることはできない！
- 統括安全衛生責任者を選任すべき特定元方事業者は、元方安全衛生管理者を選任しなければならない。
- 元方安全衛生管理者は、その事業場に専属の者でなければならない。

■安全衛生責任者

- 関係請負人は、安全衛生責任者を選任し、その者に統括安全衛生責任者との連絡等を行わせなければならない。
  注意 • 安全衛生責任者には、安全管理者や衛生管理者の資格は必要ない！

■安全委員会等

- 事業者は、常時 100 人の労働者を使用する事業場では、安全委員会及び衛生委員会、または安全衛生委員会を設けなければならない。

プラスα　安全管理者・衛生管理者

- 事業者は、常時 50 人の労働者を使用する事業場では、厚生労働省令で定める資格を有する者のうちから、安全管理者・衛生管理者を選任しなければならない。

一次 二次

Lesson 10 労働安全衛生法（2）

特別教育を必要とする主な業務

フォークで羊かん食べながら
（フォークリフト・揚貨装置）
高いところを移動して玉掛け
（高所作業車・移動式クレーン・玉掛け）

特別教育を必要とする主な業務には、フォークリフトの運転、揚貨装置の運転、高所作業車の運転、移動式クレーンの運転、玉掛けの業務などがある。

■安全衛生教育

- 事業者は、労働者を雇い入れたとき、労働者の作業内容を変更したときは、当該労働者に対し、その従事する業務に関する安全または衛生のための教育を行わなければならない。 注意 • 元方安全衛生管理者が行うのではない！
- 事業者は、従事する業務に関する安全または衛生のため必要な事項の全部または一部に関し十分な知識及び技能を有していると認められる労働者については、当該事項についての雇《やとい》入《い》れ時・作業内容変更時の安全衛生教育を省略することができる。
- 事業者は、新たに職務につくこととなった職長その他の作業中の労働者を直接指導・監督する者（作業主任者を除く）に対し、安全または衛生のための教育を行わなければならない。

職長等に対する安全衛生教育の内容

- 作業方法の決定及び労働者の配置に関すること。
- 労働者に対する指導・監督の方法に関すること。

- 危険性・有害性等の調査及びその結果に基づき講ずる措置に関すること。
- 異常時等における措置に関すること。
- その他現場監督者として行うべき労働災害防止活動に関すること。

■特別教育

- 事業者は、危険・有害な業務で、厚生労働省令で定めるものに労働者をつかせるときは、当該業務に関する安全または衛生のための特別の教育を行わなければならない。
- 事業者は、特別教育を行ったときは、当該特別教育の受講者、科目等の記録を作成して、これを3年間保存しておかなければならない。

特別教育を必要とする主な業務

- 最大荷重が1t未満のフォークリフトの運転の業務
- 制限荷重が5t未満の揚貨装置の運転の業務
- 作業床の高さが10m未満の高所作業車の運転の業務
- つり上げ荷重が1t未満の移動式クレーンの運転の業務
- つり上げ荷重が1t未満のクレーン・移動式クレーン・デリックの玉掛けの業務

■就業制限

技能講習の修了が必要な業務

- 最大荷重が1t以上のフォークリフトの運転の業務
- 作業床の高さが10m以上の高所作業車の運転の業務
- 制限荷重が1t以上の揚貨装置またはつり上げ荷重が1t以上のクレーン・移動式クレーン・デリックの玉掛けの業務

免許を必要とする業務

- 制限荷重が5t以上の揚貨装置の運転の業務
- つり上げ荷重が1t以上の移動式クレーンの運転の業務

プラスα　中高年齢者等についての配慮

- 事業者は、中高年齢者については、その者の心身の条件に応じて適正な配置を行うように努めなければならない。

一次

Lesson 11 その他の法規（1）

産業廃棄物

神木君　　繊細
（紙くず・木くず）（繊維くず）

こころのかけら
（コンクリートの破片）

おでこに　はい、プラス
（汚泥）　　（廃プラスチック類）

産業廃棄物には、工作物の新築・改築・除去に伴って生じる紙くず、木くず、繊維くず、コンクリートの破片や、汚泥、廃プラスチック類などがある。

■建設工事に係る資材の再資源化等に関する法律

用語

分別解体等	解体工事	• 建築物等に用いられた建設資材に係る建設資材廃棄物をその種類ごとに分別しつつ当該工事を計画的に施工する行為。
	新築工事等	• 当該工事に伴い副次的に生ずる建設資材廃棄物をその種類ごとに分別しつつ当該工事を施工する行為。
再資源化		• 分別解体等に伴って生じた建設資材廃棄物について、資材または原材料として利用すること（建設資材廃棄物をそのまま用いることを除く）ができる状態にする行為。 • 分別解体等に伴って生じた建設資材廃棄物であって燃焼の用に供することができるもの、またはその可能性のあるものについて、熱を得ることに利用することができる状態にする行為。

■分別解体等をしなければならない建設工事

解体工事	• 当該建築物（当該解体工事に係る部分に限る）の床面積の合計が 80 m^2 以上であるもの。
新築・増築工事	• 当該建築物（増築の工事にあっては、当該工事に係る部分に限る）の床面積の合計が500 m^2 以上であるもの。
上記新築・増築工事に該当しない新築工事等	• その請負代金の額が 1 億円以上であるもの。
建築物以外のものに係る解体工事・新築工事等	• その請負代金の額が 500 万円以上であるもの。

- 建設業を営む者は、建設資材廃棄物の再資源化により得られた建設資材を使用するよう努めなければならない。
- 対象建設工事の元請業者は、特定建設資材廃棄物の再資源化等が完了したときは、その旨を当該工事の発注者に報告しなければならない。

  注意 • 都道府県知事ではない！

■廃棄物の処理及び清掃に関する法律

建設業に係る主な産業廃棄物

- 工作物の新築・改築・除去に伴って生じた紙くず・木くず・繊維くず。

  注意 • 現場事務所から排出される図面・書類は、一般廃棄物である！
- ゴムくず・金属くず・ガラスくず・陶磁器くず。
- 工作物の新築・改築・除去に伴って生じたものではないコンクリートくず。
- 工作物の新築・改築・除去に伴って生じたコンクリートの破片その他これに類する不要物。　注意 • 建設発生土は産業廃棄物ではない！

- 事業者は、工事に伴って発生した産業廃棄物を自ら処理しなければならない。

委託契約書の記載内容

- 産業廃棄物の運搬を委託するときは、運搬の最終目的地の所在地。
- 産業廃棄物の処分・再生を委託するときは、その処分・再生の場所の所在地、その処分・再生の方法及びその処分・再生に係る施設の処理能力。

- 事業者は、産業廃棄物の運搬または処分を委託する場合、委託契約書及び環境省令で定める書面を、その契約の終了の日から 5 年間保存しなければならない。
- 事業者は、産業廃棄物（特別管理産業廃棄物を除く）を自ら運搬する場合は、管轄する都道府県知事の許可を受けなくてもよい。

一次

Lesson 12 その他の法規（2）

騒音・振動の規制基準値

うるさい屋根工事
（騒音）　（85dB）

揺れで家族も和まない
（振動）　（75dB）

騒音は騒音規制法により 85 dB 以下に、振動は振動規制法により 75 dB 以下に抑えなければならないと定められている。

■騒音規制法

- 指定地域内において特定建設作業を伴う建設工事を施工しようとする者は、当該特定建設作業の開始の日の 7 日前までに、所定の事項を、市町村長に届け出なければならない。

主な特定建設作業

- くい打機（もんけんを除く）、くい抜機またはくい打くい抜機（圧入式くい打くい抜機を除く）を使用する作業（くい打機をアースオーガーと併用する作業を除く）
- さく岩機を使用する作業（作業地点が連続的に移動する作業にあっては、1 日における当該作業に係る 2 地点間の最大距離が 50 m を超えない作業に限る）
- 空気圧縮機（電動機以外の原動機を用いるものであって、その原動機の定格出力が 15 kW 以上のものに限る）を使用する作業（さく岩機の動力として使用する作業を除く）

- バックホウ（一定の限度を超える大きさの騒音を発生しないものとして環境大臣が指定するものを除き、原動機の定格出力が 80 kW 以上のものに限る）を使用する作業
- ブルドーザー（一定の限度を超える大きさの騒音を発生しないものとして環境大臣が指定するものを除き、原動機の定格出力が 40 kW 以上のものに限る）を使用する作業

■振動規制法

- 指定地域内において特定建設作業を伴う建設工事を施工しようとする者は、当該特定建設作業の開始の日の 7 日前までに、所定の事項を市町村長に届け出なければならない。

主な特定建設作業

- くい打機（もんけん及び圧入式くい打機を除く）、くい抜機（油圧式くい抜機を除く）またはくい打くい抜機（圧入式くい打くい抜機を除く）を使用する作業
- ブレーカー（手持式のものを除く）を使用する作業（作業地点が連続的に移動する作業にあっては、1 日における当該作業に係る 2 地点間の最大距離が 50 m を超えない作業に限る）

特定建設作業の規制に関する基準

- 特定建設作業の振動が、当該特定建設作業の場所において、図書館、特別養護老人ホーム等の敷地の周囲おおむね 80 m の区域内として指定された区域にあっては、1 日 10 時間を超えて行われる特定建設作業に伴って発生するものでないこと。
- 特定建設作業の振動が、特定建設作業の全部または一部に係る作業の期間が当該特定建設作業の場所において、連続して 6 日を超えて行われる特定建設作業に伴って発生するものでないこと。
- 特定建設作業の振動が、日曜日その他の休日に行われる特定建設作業に伴って発生するものでないこと。
- 特定建設作業の振動が、住居の用に供されているため、静穏の保持を必要とする区域内として指定された区域にあっては、夜間において行われる特定建設作業に伴って発生するものでないこと。

一次

Lesson 13 その他の法規（3）

宅地造成

もり・かけ 1 名

（盛土・崖 1 m 超）

そばきり 2 名

（切土・崖 2 m 超）

盛土で 1 m を超える崖が生ずるもの、切土で 2 m を超える崖を生ずるものは、宅地造成に該当する。

■宅地造成及び特定盛土等規制法

宅地造成に該当する土地の形質の変更

①盛土であって、当該盛土をした土地の部分に高さが 1 m を超える崖を生ずることとなるもの

②切土であって、当該切土をした土地の部分に高さが 2 m を超える崖を生ずることとなるもの

③盛土と切土とを同時にする場合において、当該盛土及び切土をした土地の部分に高さが 2 m を超える崖を生ずることとなるときにおける当該盛土及び切土（上記①②に該当する盛土又は切土を除く。）

④上記①③に該当しない盛土であって、高さが 2 m を超えるもの

⑤上記のいずれにも該当しない盛土または切土であって、当該盛土または切土をする土地の面積が 500 m^2 を超えるもの

地盤について講ずる措置に関する技術的基準

- 所定の高さの崖を生ずる切土または盛土をする場合においては、崖の上端に続く地盤面には、特別の事情がない限り、その崖の反対方向に雨水その他の地表水が流れるように勾配を付すること。
- 切土をする場合において、切土をした後の地盤に滑りやすい土質の層があるときは、その地盤に滑りが生じないように、地滑り抑止ぐい等の設置、土の置換えその他の措置を講ずること。

許可・届出

- 宅地造成工事規制区域内において行われる宅地造成に関する工事については、造成主は、当該工事に着手する前に、都道府県知事等の許可を受けなければならない。
- 高さが 2 m を超える擁壁《ようへき》、地表水等を排除するための排水施設等の全部または一部の除却の工事を行おうとする者は、その工事に着手する日の 14 日前までに、その旨を都道府県知事等に届け出なければならない。

■消防法

- 消火器具は、床面からの高さが 1.5 m 以下の箇所に設ける。
- 消防用水は、消防ポンプ自動車が 2 m 以内に接近することができるように設ける。
- 地階を除く階数が 11 以上の建築物に設置する連結送水管には、非常電源を附置した加圧送水装置を設ける。

- 消防機関の検査を受けなければならない防火対象物の関係者は、防火対象物における消防用設備等の設置に係る工事が完了した場合においては、完了した日から 4 日以内に消防長または消防署長に届け出なければならない。

■道路交通法

資材を運搬する際に警察署長の許可を必要とするもの

- 自動車の車体の前後から自動車の長さの $\frac{1}{10}$ の長さを超えてはみ出す場合
- 自動車の車体の左右から自動車の幅の $\frac{1}{10}$ の幅を超えてはみ出す場合
- 積み荷の高さが、3.8 m －荷台の高さを超えた場合

覚えておきたい数値

■躯体工事

乗入れ構台の計画	• 乗入れ構台の幅:車の通行を 2 車線とする場合は 6 m 程度。 • 荷受け構台の作業荷重：自重と積載荷重の合計の 10 %。
コンクリート工事	• 単位セメント量の最小値：270 kg/m^3。 • 空気量の許容差：± 1.5 %。
鉄骨工事	• 高力ボルト接合の摩擦面：表面粗さは 50 μ mRz 以上。 • スタッドの傾きの許容差：5 ° 以内。 • 柱の倒れの管理許容差:柱 1 節の高さの $\frac{1}{1000}$ 以下、かつ、10 mm 以下。

■仕上工事

タイル工事	• マスク張りの張付け時間：張付けモルタルを塗り付けてから 5 分以内。
軽量鉄骨工事	• スタッドの切断位置：上部ランナーの上端とスタッド天端のすき間を 10 mm 以下とする。 • スペーサーの間隔：600 mm 程度。
左官工事	• モルタルの塗厚の合計：20 mm を標準とする。
内装工事	• ボード張付け時のドリリングタッピンねじの位置：ボードの端部から 10 mm 程度内側。
押出成形セメント板工事	• パネル相互の目地幅:長辺（縦目地）8 mm 以上、短辺（横目地）15 mm 以上。

■施工計画

仮設計画	• 普通作業を行う作業面の照度：150 lx 以上。 • コンセントから使用する電動工具の同時使用係数：1.0 として計画する。

スピード攻略！
1級建築施工管理技術検定
集中レッスン

第②部
過去問編

- **「こんなひっかけ問題に注意！」**では、各科目で頻出するひっかけ問題を紹介しています。これらの問題をマスターすれば、超効率的に得点アップを狙えます。
- **「第二次検定攻略ポイント！」**では、第二次検定で出題される五肢一択式の知識問題を攻略するための頻出テーマを紹介しています。躯体施工・仕上施工の問題では、それぞれ5つの語句・数値の正誤が、法規の問題では、1つの条文につき2箇所の空欄に当てはまる語句が問われます。赤シートを活用して、正しい語句・数値をしっかり覚えましょう。

第2部　過去問編

こんなひっかけ問題に注意！

環境工学

1　室内空気の二酸化炭素の濃度は、~~1.0~~ %以下となるようにする。

→ 0.1

ここも押さえる

- 室内の許容二酸化炭素濃度は、一般に 1,000 ppm 以下とする。

2　給気口から排気口に至る換気経路を~~短く~~する方が、室内の換気効率はよくなる。

→ 長く

ここも押さえる

- 室内外の温度差による自然換気量は、他の条件が同じであれば、流入口と流出口との高低差が大きいほど大きくなる。

3　北緯35度における南面の垂直壁面の可照時間は、春分より夏至の方が~~長い~~。

短い

ここも押さえる

- 同じ日照時間を確保するためには、緯度が高くなるほど南北の隣棟間隔を大きくとる必要がある。

4　全天空照度とは、天空光が遮蔽されることのない状況で、直射日光を~~含めた~~全天空によるある点の水平面照度をいう。

除いた

ここも押さえる

- 設計用全天空照度は、快晴の青空のときが薄曇りの日よりも小さな値となる。

5　音波が障害物の背後に回り込む現象を回折といい、周波数が~~高く~~なるほど回折しやすい。

低く

ここも押さえる

- 室内の向かい合う平行な壁の吸音性が低いと、フラッターエコーが発生しやすい。

6　コンクリート間仕切壁の音の透過損失は、一般に高音域より低音域の方が~~大きい~~。

→ 小さい

ここも押さえる

- 単層壁の音響透過損失は、一般に壁の面密度が高いほど大きい。

7　積層ゴムを用いた免震構造の建築物では、軟弱な地盤に比べ強固な地盤では大地震時の地盤の周期が短くなるため、応答加速度を低減する効果が~~低下~~する。

→ 増大

ここも押さえる

- 免震構造とした建物は、免震構造としない場合に比べて、固有周期が長くなる。

8　鉄筋コンクリート造の建築物の柱は、地震時の脆性破壊の危険を避けるため、軸方向圧縮応力度が~~大きく~~なるように計画する。

小さく ←

ここも押さえる

- 柱の変形能力を高めるため、せん断強度が曲げ降伏強度を上回るように計画する。

9　鉄筋コンクリート構造の柱のじん性を確保するため、短期軸方向力を柱のコンクリート全断面積で除した値は、コンクリートの設計基準強度の ~~$\frac{1}{2}$~~ 以下とする。

→ $\frac{1}{3}$

ここも押さえる

- 柱のじん性を確保するためには、帯筋の間隔を密にすることや、副帯筋を用いることが有効である。

10　鉄骨構造において、部材の引張力によってボルト孔周辺に生じる応力集中の度合は、高力ボルト摩擦接合の場合より普通ボルト接合の方が~~少ない~~。

→ 大きい

ここも押さえる

- 引張材の接合を高力ボルト摩擦接合とする場合は、母材のボルト孔による欠損を考慮して、引張応力度を計算する。

11　直接基礎の圧密沈下の許容値は、独立基礎の方がべた基礎に比べて~~大きい~~。

→ 小さい

ここも押さえる

- 基礎梁の剛性を大きくすることにより、基礎の沈下量を平均化できる。

12　杭と杭の中心間隔は、杭径が同一の場合、~~打込み~~杭の方が~~埋込み~~杭より小さくすることができる。

→ 打込み　　埋込み ←

ここも押さえる

- 埋込み杭の場合、杭と杭との中心間隔の最小値は、杭径の 2 倍以上かつ 75 cm 以上とする。

建築設備

13　電圧の種別で低圧とは、直流にあっては ~~600~~ V 以下、交流にあっては ~~750~~ V 以下のものをいう。

→ 600　　750 ←

ここも押さえる

- 低圧屋内配線のための金属管の厚さは、コンクリートに埋め込む場合、1.2 mm 以上とする。

14　高さが ~~15~~ m を超える建築物には、原則として、避雷設備を設けなければならない。

→ 20

ここも押さえる

- 指定数量の 10 倍以上の危険物を貯蔵する倉庫には、高さにかかわらず、原則として、避雷設備を設けなければならない。

15　単一ダクト方式における ~~CAV~~ 方式は、負荷変動に対して風量を変える方式である。

→ **VAV**

ここも押さえる

- 二重ダクト方式は、2 系統のダクトで送られた温風と冷風を、混合ユニットにより熱負荷に応じて混合量を調整して吹き出す方式である。

16　泡消火設備は、泡状の消火剤による冷却効果、窒息効果により消火するもので、電気室に~~適している~~。

→ **適さない**

ここも押さえる

- 泡消火設備は、特に低引火点の油類による火災の消火に適している。

17　勾配が 8 度を超え 30 度以下のエスカレーターの踏段の定格速度は、~~50 m/ 分~~とする。

→ **45 m/ 分以下**

ここも押さえる

- エスカレーターの踏段の幅は 1.1 m 以下とし、踏段の両側に手すりを設ける。

18　給水タンクの内部の保守点検を行うために設ける円形マンホールの最小内法直径は、~~45 cm~~ とする。

→ **60 cm 以上**

ここも押さえる

- 雨水用排水桝及びマンホールの底部には、排水管等に泥が詰まらないように深さ 150 mm 以上の泥だめを設ける。

契約・積算

19　受注者は、発注者が設計図書を変更したために請負代金額が ~~$\frac{1}{3}$~~ 以上減少したときは、契約を解除することができる。

→ $\frac{2}{3}$

ここも押さえる

- 工事目的物の引渡し前に、工事目的物または工事材料について生じた損害その他工事の施工に関して生じた損害については、原則として受注者がその費用を負担する。

20　鉄筋コンクリート造のコンクリート数量は、鉄筋及び小口径管類によるコンクリートの欠除~~を見込んで~~算出する。

→ **はないものとして**

ここも押さえる

- 根切りまたは埋戻しの土砂量は地山数量とし、掘削による増加、締固めによる減少は考慮しない。

躯体施工

21　乗入れ構台の幅は、車の通行を 2 車線とするため、~~5 m~~ とした。

→ 6 m 程度

ここも押さえる

- 荷受け構台の作業荷重は、自重と積載荷重の合計の 10 %とする。

22　圧密試験により、~~砂質~~土の沈下特性を求めることができる。

→ 粘性

ここも押さえる

- 三軸圧縮試験により、粘性土のせん断強度を求めることができる。

23　~~盤ぶくれ~~とは、掘削底面付近の砂地盤に上向きの水流が生じ、砂が持ち上げられ、掘削底面が破壊される現象をいう。

→ ボイリング

ここも押さえる

- 盤ぶくれとは、掘削底面やその直下に難透水層があり、その下にある被圧地下水により掘削底面が持ち上がる現象をいう。

24　中掘り工法では、砂質地盤の場合、先掘り長さを杭径よりも~~大きく~~する。

→ 小さく

ここも押さえる

- 杭の施工精度は、傾斜を $\frac{1}{100}$ 以内とし、杭心ずれ量は杭径の $\frac{1}{4}$、かつ、100 mm 以下とする。

25　アースドリル工法における鉄筋かごのスペーサーは、D ~~10~~ 以上の鉄筋を用いる。

→ 13

ここも押さえる

- 鉄筋かごの主筋と帯筋は、原則として鉄線結束で結合する。

26　鉄筋の圧接部の加熱は、圧接端面が密着するまでは~~中性~~炎で行い、その後は~~還元~~炎で行う。

→ 中性　　→ 還元

ここも押さえる

- 同径の鉄筋をガス圧接する場合の鉄筋中心軸の偏心量は、その径の $\frac{1}{5}$ 以下とする。

27　型枠支保工において、支柱として用いる組立て鋼柱の高さが ~~5~~ m を超える場合、高さ ~~5~~ m 以内ごとに水平つなぎを 2 方向に設けなければならない。

→ 4　→ 4

ここも押さえる

- 柱に使用する鋼材の許容曲げ応力の値は、その鋼材の降伏強さの値または引張強さの値の $\frac{3}{4}$ の値のうち、いずれか小さい値の $\frac{2}{3}$ の値以下とする。

28　一般仕様のコンクリートの単位セメント量の最小値は、~~250~~ kg/m^3 とする。

→ 270

ここも押さえる

- 単位セメント量が過小の場合、ワーカビリティーが悪くなり、水密性や耐久性の低下などを招きやすい。

29　高力ボルト接合において、ナット回転法による締付け完了後の検査は、1 次締付け後の本締めによるナット回転量が 120°± ~~45°~~ の範囲にあるものを合格とする。

→ 30°

ここも押さえる

- 高力ボルトの締付け後の余長の検査においては、ナット面から突き出たねじ山が、1 ～ 6 山の範囲にあるものを合格とする。

30　鉄骨の建方において、柱の溶接継手のエレクションピースに使用する仮ボルトは、~~普通~~ボルトを使用して全数締め付ける。

→ 高力

ここも押さえる

- 梁のフランジを溶接接合、ウェブを高力ボルト接合とする工事現場での混用接合は、原則として高力ボルトを先に締め付け、その後溶接を行う。

31　ロングスパン工事用エレベーターは、搬器の傾きが~~$\frac{1}{8}$の勾配を超えた場合~~、動力を自動的に遮断する装置を設ける。

→ $\frac{1}{10}$の勾配を超えないうちに

ここも押さえる

- ロングスパン工事用エレベーターは、安全上支障がない場合、搬器の昇降を知らせるための警報装置を備えないことができる。

仕上施工

32　合成高分子系ルーフィングシート防水工事において、加硫ゴム系シート防水の出隅角の処理は、シートの張付け前に~~加硫ゴム系~~シートで増張りを行った。

→ 非加硫ゴム系

ここも押さえる

- 加硫ゴム系シート防水接着工法において、ルーフィングシート相互の接合部は、接着剤とテープ状シール材を併用して接合する。

33　シーリング工事において、シリコーン系シーリング材を充填する場合のボンドブレーカーは、~~シリコーン~~テープとした。

ポリエチレン

ここも押さえる

- シリコーン系シーリング材の充填にあたり、充填箇所以外の部分にシーリング材が付着した場合は、シーリング材の硬化後に拭き取る。

34　壁のタイル張り工事において、マスク張りでは、張付けモルタルを塗り付けたタイルは、塗り付けてから~~20分~~を限度に張り付けた。

5分以内

ここも押さえる

- マスク張りの張付けモルタルは、ユニットタイル裏面に厚さ4mmのマスク板をあて、金ごてで塗り付ける。

35　軽量鉄骨壁下地において、スタッドは、上部ランナーの上端とスタッド天端との隙間が~~15 mm~~となるように切断した。

10 mm以下

ここも押さえる

- スタッドの建込み間隔の精度は、±5 mmとする。

36　内壁コンクリート下地のセメントモルタル塗りにおいて、モルタルの塗厚の合計は、~~30~~ mm を標準とした。

→ **20**

ここも押さえる

- 下塗り用モルタルの調合は、容積比でセメント 1 対砂 2.5 とする。

37　コンクリート素地面の塗装工事において、2 液形ポリウレタンエナメル塗りは、中塗り後、上塗りまでの工程間隔時間を ~~3 時間~~とした。

→ **16 時間以上 7 日以内**

ここも押さえる

- アクリル樹脂系非水分散形塗料塗りは、気温が 20℃の場合、中塗り後の工程間隔時間を 3 時間以上とする。

38　ビニル床シート張りの熱溶接工法において、床シートの溶接作業は、床シートを張付け後、~~直ちに~~行った。

→ **12 時間以上経過してから**

ここも押さえる

- 熱溶接工法において、溶接部の床シートの溝部分と溶接棒は、180 ～ 200 ℃の熱風で加熱溶融させ、圧着溶接する。

39　合成樹脂塗床において、エポキシ樹脂のコーティング工法のベースコートは、~~金ごて~~で塗り付けた。

→ ローラーばけやスプレー

ここも押さえる

- 弾性ウレタン樹脂系塗床材塗りは、塗床材を床面に流し、金ごてで平滑に塗り付ける。

40　壁のせっこうボード張りにおいて、軽量鉄骨壁下地にボードを直接張り付ける際、ボード周辺部を固定するドリリングタッピンねじの位置は、ボードの端部から~~5~~ mm 程度内側とした。

→ 10

ここも押さえる

- 軽量鉄骨壁下地にボードを直接張り付ける場合、ドリリングタッピンねじの留付け間隔は、中間部 300 mm 程度、周辺部 200 mm 程度とする。

41　鉄筋コンクリート造の断熱工事の硬質ウレタンフォーム吹付け工法において、断熱材の吹付け厚さが 50 mm の箇所は、~~1層~~吹きとした。

→ 多層

ここも押さえる

- 硬質ウレタンフォーム吹付け工法において、多層吹きの各層の厚さは各々 30 mm 以下とする。

第2部　過去問編

施工管理法 こんなひっかけ問題に注意！

施工計画

1　仮設設備の計画において、塗料や溶剤等の保管場所は、~~管理をしやすくするため、資材倉庫の一画を不燃材料で間仕切り、~~設ける計画とした。

→ 資材倉庫等から離れた場所に

ここも押さえる

- 仮設の照明設備の計画において、普通の作業を行う作業面の照度は、150 ルクス以上とする。

2　仮設設備の計画において、溶接用ケーブル以外の屋外に使用する移動電線で、使用電圧が 300 V 以下のものは、~~1~~種キャブタイヤケーブルを使用する計画とした。

→ 1 種以外の

ここも押さえる

- 工事用使用電力が 50 kW 以上 2,000 kW 未満の場合は、高圧受電で契約する計画とする。

3　鉄骨工事において、施工中の粉塵の飛散をなくし、被覆厚さの管理を容易にするため、耐火被覆はロックウール~~吹付け~~工法とする計画とした。

巻付け

ここも押さえる

• 鉄骨工事において、建方精度を確保するためは、建方の進行とともに、小区画に区切って建入れ直しを行う計画とする。

4　鉄骨工事において、板厚が 13 mm の部材の高力ボルト用の孔あけ加工は、~~せん断~~孔あけとすることとした。

ドリル

ここも押さえる

• 鉄骨工事で、高力ボルト接合におけるボルト孔の径は、ボルト公称軸径＋ 2 mm 以内とする。

5　タイル工事において、改良圧着張り工法の張付けモルタルの 1 回の塗付け面積は、タイル工 1 人当たり ~~$4\ m^2$~~ とすることとした。

$2\ m^2$ 以内

ここも押さえる

• タイル工事において、二丁掛けタイルの改良積上げ張りの 1 日の張付け高さの限度は、1.5 m 程度とする。

6　金属工事において、海岸近くの屋外に設ける鋼製手すりが塗装を行わず亜鉛めっきのままの仕上げとなるので、~~電気~~亜鉛めっきとすることとした。

溶融

ここも押さえる

- 内装工事において、せっこうボードをせっこう系接着材による直張り工法で張り付ける場合の一度に練る接着材は、1 時間以内に使い切れる量とする。

材料の保管

7　高力ボルトは、~~工事現場受入れ時~~に包装を開封し、乾燥した場所に、使用する順序に従って整理して保管する。

施工直前

ここも押さえる

- 高力ボルトは、搬入された包装のまま、箱の積上げ高さを 3 ～ 5 段にして保管する。

8　ALC パネルは、平積みとし、1 段の積上げ高さは ~~1.5~~ m 以下とし、2 段までとする。

1.0

ここも押さえる

- ロール状に巻いたカーペットは、屋内の乾燥した平坦な場所に、2 段程度の俵積みとする。

記録・届出

9　設計図書に定められた品質が証明されていない材料は、~~現場内への搬入後に試験を行い、記録を整備することとした~~。

現場内に搬入してはならない

ここも押さえる

- 承認あるいは協議を行わなければならない事項について、建設業者は、それらの経過内容の記録を作成し、監理者と双方で確認したものを監理者に提出する。

10　建設工事の施工にあたり必要に応じて作成し、発注者と施工者相互に交付した工事内容に関する打合せ記録は、建設物引渡しの日から~~5~~年間保存することとした。

10

ここも押さえる

- 発注者から直接工事を請け負った建設業者が作成した発注者との打合せ記録のうち、発注者と相互に交付したものではないものは、保存しなくてもよい。

11　延べ面積が 10,000 m^2 で高さが ~~13 m~~ の工場の解体の仕事は、労働基準監督署長へ計画の届出の必要がある。

31 m を超える

ここも押さえる

- 支柱の高さが 3.5 m 以上の型枠支保工を設置する場合は、その計画を当該工事の開始の日の 30 日前までに、労働基準監督署長に届け出なければならない。

12　つり上げ荷重が 3 t 以上のクレーンを設置する場合は、当該工事の開始の日の ~~14~~ 日前までに、労働基準監督署長に届け出なければならない。

→ 30

ここも押さえる

- 耐火建築物に吹き付けられた石綿等を除去する場合は、当該仕事の開始の日の 14 日前までに、労働基準監督署長に届け出なければならない。

工程管理

13　工期が指定され、工事内容が比較的容易で、また施工実績や経験が多い工事の場合は、~~積上~~方式（~~順行~~型）を用いて工程表を作成する。

割付 ←　　→ 逆行

ここも押さえる

- 工程表は、休日及び天候などを考慮した実質的な作業可能日数を算出して、暦日換算を行い作成する。

14　~~基本~~工程表は、特定の部分や職種を取り出し、それにかかわる作業、順序関係、日程などを示したものである。

→ 部分

ここも押さえる

- 工程短縮を図るために行う工区の分割は、各工区の作業数量がほぼ均等になるように計画する。

15　タクト手法では、各作業が独立して行われているため、1つの作業に遅れがあってもタクトを構成する工程全体への影響は~~小さい~~。

→ **大きい**

ここも押さえる

- 設定したタクト期間では終わることができない一部の作業については、当該作業の作業期間をタクト期間の整数倍に設定する。

16　トラッククレーンによる鉄骨建方の取付けピース数は、1台1日当たり~~70ピース~~として計画した。

→ **20～30ピース程度**

ここも押さえる

- タワークレーンの揚重ピース数は、1日当たり40～50ピース程度とする。

17　ネットワーク工程表におけるトータルフロートは、フリーフロート~~から~~ディペンデントフロートを~~引いた~~ものである。

→ **に**　　**足した** ←

ここも押さえる

- ディペンデントフロートは、後続作業のトータルフロートに影響を与えるフロートである。

品質管理

18　品質管理は、~~計画~~段階より~~施工~~段階で検討するほうが、より効果的である。

→施工　→計画

ここも押さえる

- 品質確保のための作業標準が計画できたら、作業がそのとおり行われているかどうかの管理に重点をおく。

19　品質管理は、品質計画の目標のレベルに~~かかわらず、緻密な~~管理を行う。

→応じた

ここも押さえる

- 検査を厳しく行うより、工程（プロセス）の最適化を図るほうが優れた品質管理といえる。

20　~~誤差~~とは、試験結果または測定結果の期待値から真の値を引いた値のことである。

→かたより

ここも押さえる

- 誤差とは、観測値・測定結果から真の値を引いた値である。

21　~~トレーサビリティ~~とは、設定された目標を達成するための対象の適切性、妥当性または有効性を確定するために行われる活動をいう。

→ レビュー

ここも押さえる

- トレーサビリティとは、対象の履歴、適用または所在を追跡できることをいう。

22　~~パレート図~~は、観測値もしくは統計量を時間順またはサンプル番号順に表し、工程が管理状態にあるかどうかを評価するために用いられる。

→ 管理図

ここも押さえる

- パレート図は、項目別に層別して出現頻度数の大きさの順に並べるとともに、累積和を示した図であり、不適合の重点順位を知るために用いられる。

23　普通コンクリートの荷卸し地点における空気量の許容差は、指定した空気量に対して、± ~~2.5~~ cm とした。

→ 1.5

ここも押さえる

- スランプ 8 ～ 18 cm の普通コンクリートの荷卸し地点におけるスランプの許容差は、± 2.5 cm とする。

24　鉄骨の建方における柱の倒れの管理許容差は、柱 1 節の高さの ~~$\frac{1}{500}$~~ 以下、かつ、~~20~~ mm 以下とした。

→ $\frac{1}{1000}$　→ 10

ここも押さえる

- 鉄骨工事において、スタッド溶接後のスタッドの傾きの許容差は、5°以内とする。

25　間接検査は、~~購入者~~側が受入検査を行うことによって、~~供給者~~側の試験を省略する検査である。

→ 供給者　→ 購入者

ここも押さえる

- 間接検査は、長期にわたって供給側の検査結果が良く、使用実績も良好な品物の受入検査の場合に適用される。

26　~~抜取~~検査は、継続的に不良率が大きく、決められた品質水準に修正しなければならない場合に行う。

→ 全数

ここも押さえる

- 全数検査は、不良品を見逃すと人命に危険を与えたり、経済的に大きな損失を受ける場合に適用される。

27　1 回の構造体コンクリート強度の判定に用いる供試体は、複数の運搬車のうちの ~~1~~ 台から採取した試料により、3 個作製した。

→ 3

ここも押さえる

- 構造体コンクリート強度の判定は、材齢 28 日までの平均気温が 20℃の場合、1 回の試験結果が調合管理強度以上のものを合格とする。

28　鉄筋のガス圧接継手の超音波探傷試験による抜取検査は、1 検査ロットに対して無作為に ~~3~~ 箇所抜き取って行った。

→ 30

ここも押さえる

- 超音波探傷試験による抜取検査で不合格となったロットについては、試験されていない残り全数に対して超音波探傷試験を行う。

29　鉄筋のガス圧接継手の外観検査において、圧接部における鉄筋中心軸の偏心量が規定値を超えた場合は、~~再加熱し加圧して偏心を修正~~する。

→ 切り取って再圧接

ここも押さえる

- 圧接部のふくらみの直径や長さが規定値に満たない場合は、再加熱し加圧して所定のふくらみに修正する。

30　塗装素地のモルタル面のアルカリ度は、pH コンパレータを用いて塗装直前に pH ~~12~~ 以下であることを確認した。

→ 9

ここも押さえる

- 現場搬入時の造作用針葉樹製材の含水率は、高周波水分計を用いて15%以下であることを確認する。

31　小口平タイルの引張接着力試験は、タイル~~の$\frac{1}{2}$の~~大きさの鋼製アタッチメントを用いて行った。

→ と同じ

ここも押さえる

- セメントモルタルによるタイル張りの引張接着強度は、$0.4\ \mathrm{N/mm^2}$以上であることを確認する。

安全管理

32　労働損失日数は、死亡及び永久全労働不能の場合、1 件につき ~~5,000~~ 日としている。

→ 7,500

ここも押さえる

- 労働損失日数は、一時全労働不能の場合、暦日による休業日数に$\frac{300}{365}$を乗じて算出する。

33　度数率は、災害発生の頻度を表すもので、100 万延べ労働時間当たりの~~延べ労働損失日数~~を示す。

→ 死傷者数

ここも押さえる

- 強度率は、1,000 延べ労働時間当たりの労働損失日数を示す。

34　高さが 30 m の建築工事において、通行人などに対する危害防止のための最下段の防護棚は、建築工事を行う部分の下 ~~15 m~~ の位置に設けた。

→ 10 m 以内

ここも押さえる

- 防護棚は、外部足場の外側から水平距離で 2 m 以上突き出し、水平面となす角度を 20 度以上とする。

35　~~足場の組立て等作業主任者~~は、強風等の悪天候により危険が予想されるときは作業を中止すること。

→ 事業者

ここも押さえる

- 足場の組立て等作業主任者は、作業の方法及び労働者の配置を決定し、作業の進行状況を監視する。

36　単管足場の壁つなぎの間隔は、垂直方向 ~~5.5~~ m 以下、水平方向 ~~5~~ m 以下とする。

5.5　　5

ここも押さえる

- 単管足場における建地の間隔は、けた行方向を 1.85 m 以下、はり間方向を 1.5 m 以下とする。

37　高さが 20 m を超える枠組足場の主枠間の間隔は、~~2~~ m 以下とした。

1.85

ここも押さえる

- 高さが 5 m 以上の枠組足場の壁つなぎの間隔は、垂直方向 9 m 以下、水平方向 8 m 以下とする。

38　事業者は、~~2~~ m 以上の箇所から物体を投下する場合、適当な投下設備を設け、監視人を置く等労働者の危険を防止するための措置を講じなければならない。

3

ここも押さえる

- 事業者は、高さが 2 m 以上の箇所で作業を行う場合、作業に従事する労働者が墜落するおそれのあるとき、作業床を設けなければならない。

39　移動式クレーンの運転についての合図の方法は、~~事業者に指名された合図を行う者~~が定めなければならない。

→ **事業者**

ここも押さえる

- 移動式クレーンの玉掛け用具として使用するワイヤロープは、その直径の減少が公称径の 7 %を超えるものを使用してはならない。

40　ゴンドラの操作の業務に就かせる労働者は、当該業務に係る~~技能講習を修了した者~~でなければならない。

→ **安全のための特別の教育を受けた者**

ここも押さえる

- ゴンドラについて定期自主検査を行ったときは、その結果を記録し、これを 3 年間保存しなければならない。

41　有機溶剤業務に係る局所排気装置は、~~3~~ 月を超えない期間ごとに 1 回、定期に、有機溶剤作業主任者に点検させなければならない。

→ **1**

ここも押さえる

- 有機溶剤業務に係る局所排気装置は、原則として 1 年以内ごとに 1 回、定期に、所定の事項について自主検査を行わなければならない。

第2部　過去問編

法規

こんなひっかけ問題に注意！

建築基準法

1　事務所の用途に供する建築物は、特殊建築物~~である~~。

ではない

ここも押さえる

- 共同住宅の用途に供する建築物は、特殊建築物である。

2　建築物の基礎は、主要構造部~~である~~。

ではない

ここも押さえる

- 建築物の基礎は、構造耐力上主要な部分である。

3　確認済証の交付を受けた建築物の完了検査を受けようとする建築主は、工事が完了した日から ~~5~~ 日以内に、建築主事に到達するように検査の申請をしなければならない。

→ 4

ここも押さえる

- 建築主は、指定確認検査機関による完了検査を受ける場合は、建築主事に対して完了検査の申請をする必要がない。

4　~~建築主事~~は、建築基準法令の規定に違反した建築物に関する工事の請負人に対して、当該工事の施工の停止を命じることができる。

→ 特定行政庁

ここも押さえる

- 特定行政庁、建築主事または建築監視員は、建築物の工事施工者に対して、当該工事の施工の状況に関する報告を求めることができる。

5　小学校には、非常用の照明装置を~~設けなければならない~~。

→ 設けなくてもよい

ここも押さえる

- 非常用の照明装置は、火災時において温度が上昇した場合でも光度が低下しないものとし、予備電源を設けなければならない。

6　国または地方公共団体が発注者である建設工事を請け負う者は、特定建設業の許可を~~受けなければならない~~。

必ずしも受けなければならないわけではない

ここも押さえる

- 特定建設業の許可を受けようとする者は、発注者との間の請負契約で、その請負代金の額が8,000万円以上であるものを履行するに足りる財産的基礎を有していなければならない。

7　許可を受けた建設業を廃止したときは、~~50~~日以内にその旨を届け出なければならない。

30

ここも押さえる

- 建設業の許可を受けた建設業者は、許可を受けてから1年以内に営業を開始せず、または引き続いて1年以上営業を休止した場合は、当該許可を取り消される。

8　請負人は、請負契約の履行に関し、工事現場に現場代理人を置く場合、注文者~~の承諾を得なければならない~~。

に書面で通知しなければならない

ここも押さえる

- 請負人は、請負契約の履行に関し工事現場に現場代理人を置く場合に、注文者の承諾を得て、現場代理人に関する事項を、省令で定める情報通信の技術を利用する方法で通知することができる。

9　元請負人は、下請負人からその請け負った建設工事が完成した旨の通知を受けたときは、当該通知を受けた日から ~~1月~~以内で、かつ、できる限り短い期間内に、その完成を確認するための検査を完了しなければならない。

20日

ここも押さえる

- 元請負人は、下請負人の請け負った建設工事の完成を確認した後、下請負人が申し出たときは、特約がされている場合を除き、直ちに、目的物の引渡しを受けなければならない。

10　発注者から直接建築一式工事を請け負った特定建設業者が、下請契約の総額が ~~4,500~~ 万円以上となる工事を施工する場合、工事現場に置く技術者は、監理技術者でなければならない。

7,000

ここも押さえる

- 公共性のある施設または多数の者が利用する施設に関する重要な建設工事で、工事1件の請負代金の額が 4,000 万円（建築一式工事は 8,000 万円）以上のものについては、主任技術者または監理技術者は、工事現場ごとに、専任の者でなければならない。

労働基準法

11　使用者は、労働者が業務上負傷し、休業する期間とその後30日間は、やむを得ない事由のために事業の継続が不可能となった場合においで~~も解雇してはならない~~。

→ は解雇することができる

ここも押さえる

- 使用者は、試の使用期間中の者で14日を超えて引き続き使用されるに至った者を解雇しようとする場合、原則として、少なくとも30日前にその予告をしなければならない。

12　使用者は、労働時間が6時間を超える場合には、少なくとも~~30~~分の休憩時間を労働時間の途中に与えなければならない。

→ 45

ここも押さえる

- 使用者は、労働時間が8時間を超える場合には、少なくとも1時間の休憩時間を労働時間の途中に与えなければならない。

労働安全衛生法

13　事業者は、常時~~30~~人の労働者を使用する事業場では、安全管理者を選任しなければならない。

→ 50

ここも押さえる

- 事業者は、常時50人の労働者を使用する事業場では、衛生管理者も選任しなければならない。

14　統括安全衛生責任者を選任すべき特定元方事業者は、~~安全衛生責任者~~を選任しなければならない。

→ **元方安全衛生管理者**

ここも押さえる

- 元方安全衛生管理者は、その事業場に専属の者でなければならない。

15　~~元方安全衛生管理者~~は、作業場において下請負業者が雇入れた労働者に対して、雇入れ時の安全衛生教育を行わなければならない。

→ **事業者**

ここも押さえる

- 事業者は、従事する業務に関する安全または衛生のため必要な事項の全部または一部に関し十分な知識及び技能を有していると認められる労働者については、当該事項についての雇入れ時の安全衛生教育を省略することができる。

建設リサイクル法

16　建築物の耐震改修工事であって、請負代金の額が ~~7,000 万円~~の工事は、分別解体等をしなければならない建設工事に該当する。

→ **1 億円以上**

ここも押さえる

- 建築物に係る新築または増築の工事については、当該建築物の床面積の合計が 500 m^2 以上であるものが該当する。

騒音規制法

17　騒音規制法上、さく岩機を使用する作業であって、作業地点が連続的に移動し、1 日における当該作業に係る 2 地点間の距離が 50 m を~~超える~~作業は、特定建設作業の実施の届出をしなければならない。

→ 超えない

ここも押さえる

- さく岩機の動力として使用する作業を除き、電動機以外の原動機の定格出力が 15 kW 以上の空気圧縮機を使用する作業は、特定建設作業の実施の届出をしなければならない。

振動規制法

18　振動規制法上、特定建設作業の振動が、特定建設作業の場所の敷地の境界線において、~~85~~ dB を超えてはならない。

→ 75

ここも押さえる

- 特定建設作業の振動は、日曜日その他の休日に行われる特定建設作業に伴って発生してはならない。

宅地造成及び特定盛土等規制法

19　切土をする土地の面積が ~~300 m^2 であって~~、切土をした土地の部分に高さが 2.0 m の崖を生ずるものは、宅地造成に該当する。

→ 500 m^2 を超え

ここも押さえる

- 切土をした土地の部分に高さが 2.0 mを超える崖を生ずるものも、宅地造成に該当する。

第２部　過去問編

躯体工事
第二次検定攻略ポイント！

仮設工事

1　作業場に通じる場所及び作業場内には、労働者が使用するための安全な通路を設け、かつ、これを常時有効に保持しなければならない。

屋内に設ける通路は用途に応じた幅を有し、通路面から高さ1.8 m以内に障害物を置いてはならない。機械間またはこれと他の設備との間に設ける通路については、幅 80 cm以上としなければならない。

土工事

2　根切りにおいて、床付け面を乱さないため、機械式掘削では、通常床付け面上 30～50 cmの土を残して、残りを手掘りとするか、ショベルの刃を平状のものに替えて掘削する。

床付け面を乱してしまった場合は、粘性土であれば礫や砂質土などの良質土に置換するか、セメントや石灰などによる地盤改良を行う。

杭工事

3　場所打ちコンクリート杭地業のオールケーシング工法において、掘削はハンマーグラブを用いて行い、1次スライム処理は、孔内水が多い場合には、沈殿バケットを用いて処理し、コンクリート打込み直前までに沈殿物が多い場合には、2次スライム処理を行う。

鉄筋工事

4　鉄筋のガス圧接を行う場合、圧接部の膨らみの直径は、主筋等の径の 1.4倍以上とし、かつ、その長さを主筋等の径の 1.1倍以上とする。

また、圧接部の膨らみにおける圧接面のずれは、主筋等の径の $\frac{1}{4}$ 以下とし、かつ、鉄筋中心軸の偏心量は、主筋等の径の $\frac{1}{5}$ 以下とする。

型枠工事

5　型枠工事における型枠支保工で、鋼管枠を支柱として用いるものにあっては、鋼管枠と鋼管枠との間に交差筋かいを設け、支柱の脚部の滑動を防止するための措置として、支柱の脚部の固定及び根がらみの取付けなどを行う。

また、パイプサポートを支柱として用いるものにあっては、支柱の高さが 3.5 m を超えるときは、高さ 2 m以内ごとに水平つなぎを 2方向に設けなければならない。

コンクリート工事

6　コンクリートポンプを用いてコンクリートを打ち込む際、コンクリートポンプ 1台当たりの 1日の打込み量の上限は 250 m^3 を目安とし、輸送管の大きさは圧送距離、圧送高さ、コンクリートの圧送による品質への影響の程度などを考慮して決める。

輸送管の径が大きいほど圧力損失が小さくなる。

コンクリートの圧送に先立ちポンプ及び輸送管の内面の潤滑性の保持のため、水及びモルタルを圧送する。

鉄骨工事

7　鉄骨の現場溶接作業において、防風対策は特に配慮しなければならない事項である。

アーク熱によって溶かされた溶融金属は大気中の酸素や窒素が混入しやすく、凝固するまで適切な方法で外気から遮断する必要があり、このとき遮断材料として作用するものが、ガスシールドアーク溶接の場合はシールドガスである。

しかし、風の影響によりシールドガスに乱れが生じると、溶融金属の保護が不完全になり溶融金属内部にブローホールが生じてしまう。

仕上工事

第二次検定 攻略ポイント!

防水工事

1　アスファルト防水密着工法において、出隅及び入隅は平場部のルーフィング類の張付けに先立ち、幅 300 mm程度のストレッチルーフィングを増張りする。

また、コンクリートスラブの打継ぎ部は、絶縁用テープを張り付けた上に、幅 300 mm程度のストレッチルーフィングを増張りする。

なお、流し張りに用いるアスファルトは、環境対応低煙低臭型防水工事用アスファルトとし、溶融温度の上限は、240 ℃とする。

2　改質アスファルトシート防水常温粘着工法・断熱露出仕様の場合、立上り際の風による負圧は平場の一般部より大きくなるため、断熱材の上が絶縁工法となる立上り際の平場部の幅 500 mm程度は、防水層の 1層目に粘着層付改質アスファルトシートを張り付ける。

なお、入隅部では立上りに 100 mm程度立ち上げて、浮きや口あきが生じないように張り付ける。

タイル工事

3　セメントモルタルによる外壁タイル後張り工法において、マスク張りでは、貼り付けモルタルを塗り付けたタイルは、塗り付けてから5分を限度に張り付ける。

また、モザイクタイル張りでは、張付けモルタルを 2層に分けて塗り付けるものとし、1層目はこて圧をかけて塗り付ける。

なお、外壁タイル張り面の伸縮調整目地の位置は、一般に縦目地を 3 m以内に割り付け、横目地を各階ごとの打継ぎ目地に合わせる。

屋根工事

4　金属板葺きによる屋根工事の下葺きに用いるアスファルトルーフィングは、軒先より葺き進め、隣接するルーフィングの重ね幅は、シートの短辺部は 200 mm以上、長辺部は 100 mm以上とする。

仮止めを行う場合のステープル釘の打込み間隔は、ルーフィングの重ね屋根の流れ方向で 300 mm程度、流れに直角方向では 900 mm以内とする。

左官工事

5　仕上げ材の下地となるセメントモルタル塗りの表面仕上げには、金ごて仕上げ、木ごて仕上げ、はけ引き仕上げのほか、くし目引き仕上げがあり、その上に施工する仕上げ材の種類に応じて使い分ける。

一般塗装下地、壁紙張り下地の仕上げとして、金ごて仕上げを用い、セメントモルタルによるタイル張付け下地の仕上げとして、はけ引き仕上げを用いる。

6　内装の床張物下地をセルフレベリング材塗りとする場合、軟度を一定に練り上げたセルフレベリング材を、レベルに合わせて流し込む。流し込み中はできる限り通風をなくして作業を行う。

施工後の養生期間は、常温で7日以上、冬期間は14日以上とし、施工場所の気温が5℃以下の場合は施工しない。

塗装工事

7　素地ごしらえのパテ処理の工法には、パテしごき、パテかい、パテ付けの 3種類がある。このうち、パテかいは、面の状況に応じて、面のくぼみ、すき間、目違い等の部分を平滑にするためにパテを塗る。

また、パテかいは、局部的にパテ処理するもので、素地とパテ面との肌違いが仕上げに影響するため、注意しなければならない。

なお、パテ付けは、特に美装性を要求される仕上げの場合に行う。

建具工事

8　防火区画に用いる防煙シャッターは、表面がフラットでガイドレール内での遮煙性を確保できるオーバーラッピング形のスラットが用いられる。

また、まぐさの遮煙機構は、シャッターが開閉したときに漏煙を抑制する構造で、その材料は不燃材料、準不燃材料または難燃材料とし、座板にアルミニウムを使用する場合には、鋼板で覆う。

内装工事

9　せっこう系直張り用接着材によるせっこうボード直張り工法において、直張り接着材は、1時間以内で使い切れる量を、たれない程度の硬さに水と練り合わせ、ボードの仕上りまでの寸法の 2倍程度の高さにダンゴ状に盛り上げる。

また、ボードの張付けにおいては、ボード圧着の際、ボード下端と床面との間を 10 mm程度浮かした状態で圧着し、さらに調整定規でたたきながら、所定の仕上げ面が得られるように張り付ける。

10　タイルカーペットを事務室用フリーアクセスフロア下地に施工する場合、床パネル相互間の段差とすき間を 1 mm以下に調整した後、床パネルの目地とタイルカーペットの目地を 100 mm程度ずらして割付けを行う。

カーペットの張付けは、粘着はく離形の接着剤を下地の全面に塗布し、適切なオープンタイムをとり、圧着しながら行う。

法規

第二次検定攻略ポイント！

建設業法

（建設工事の見積り等）

第20条　建設業者は、建設工事の請負契約を締結するに際して、工事内容に応じ、工事の種別ごとの材料費、労務費その他の経費の内訳並びに工事の工程ごとの作業及びその準備に必要な日数を明らかにして、建設工事の見積りを行うよう努めなければならない。

2　建設業者は、建設工事の注文者から請求があったときは、請負契約が成立するまでの間に、建設工事の見積書を交付しなければならない。

（請負契約とみなす場合）

第24条　委託その他いかなる名義をもってするかを問わず、報酬を得て建設工事の完成を目的として締結する契約は、建設工事の請負契約とみなして、この法律の規定を適用する。

（検査及び引渡し）

第 24条の 4　元請負人は、下請負人からその請け負った建設工事が完成した旨の通知を受けたときは、当該通知を受けた日から20日以内で、かつ、できる限り短い期間内に、その完成を確認するための検査を完了しなければならない。

2　元請負人は、前項の検査によって建設工事の完成を確認した後、下請負人が申し出たときは、直ちに、当該建設工事の目的物の引渡しを受けなければならない。ただし、下請契約において定められた工事完成の時期から 20日を経過した日以前の一定の日に引渡しを受ける旨の特約がされている場合には、この限りでない。

（特定建設業者の下請代金の支払期日等）

第 24条の 6　特定建設業者が注文者となった下請契約（下請契約における請負人が特定建設業者または資本金額が 4,000万円以上の法人であるものを除く。）における下請代金の支払期日は、下請負人からその請け負った建設工事の完成した旨の通知を受け、検査によって建設工事の完成を確認した後、下請負人が当該建設工事の引渡しを申し出た日（下請契約において定められた工事完成の時期から 20日を経過した日以前の一定の日に引渡しを受ける旨の特約がされている場合にあっては、その一定の日。）から起算して 50日を経過する日以前において、かつ、できる限り短い期間内において定められなければならない。

（施工体制台帳及び施工体系図の作成等）

第 24条の 8　特定建設業者は、国土交通省令で定めるところにより、当該建設工事における各下請負人の施工の分担関係を表示した施工体系図を作成し、これを当該工事現場の見やすい場所に掲げなければならない。

（主任技術者及び監理技術者の職務等）

第 26条の 4　主任技術者及び監理技術者は、工事現場における建設工事を適正に実施するため、当該建設工事の施工計画の作成、工程管理、品質管理その他の技術上の管理及び当該建設工事の施工に従事する者の技術上の指導監督の職務を誠実に行わなければならない。

建築基準法施行令

（仮囲い）

第 136条の 2の 20　木造の建築物で高さが 13 mもしくは軒の高さが 9 を超えるものまたは木造以外の建築物で 2以上の階数を有するものについて、建築、修繕、模様替または除却のための工事を行う場合においては、工事期間中工事現場の周囲にその地盤面（その地盤面が工事現場の周辺の地盤面より低い場合においては、工事現場の周辺の地盤面）からの高さが 1.8 m以上の板塀その他これに類する仮囲いを設けなければならない。ただし、これらと同等以上の効力を有する他の囲いがある場合または工事現場の周辺もしくは工事の状況により危害防止上支障がない場合においては、この限りでない。

（根切り工事、山留め工事等を行う場合の危害の防止）
第 136条の 3
6　建築工事等における根切り及び山留めについては、その工事の施工中必要に応じて点検を行ない、山留めを補強し、排水を適当に行なう等これを安全な状態に維持するための措置を講ずるとともに、矢板等の抜取りに際しては、周辺の地盤の沈下による危害を防止するための措置を講じなければならない。

（落下物に対する防護）
第 136条の 5　建築工事等において工事現場の境界線からの水平距離が 5 m以内で、かつ、地盤面からの高さが 3 m以上の場所からくず、ごみその他飛散するおそれのある物を投下する場合においては、ダストシュートを用いる等当該くず、ごみ等が工事現場の周辺に飛散することを防止するための措置を講じなければならない。

2　建築工事等を行なう場合において、建築のための工事をする部分が工事現場の境界線から水平距離が 5 m以内で、かつ、地盤面から高さが 7 m以上にあるとき、その他はつり、除却、外壁の修繕等に伴う落下物によって工事現場の周辺に危害を生ずるおそれがあるときは、国土交通大臣の定める基準に従って、工事現場の周囲その他危害防止上必要な部分を鉄網または帆布でおおう等落下物による危害を防止するための措置を講じなければならない。

（建て方）

第 136条の 6　建築物の建て方を行なうに当たっては、仮筋かいを取り付ける等荷重または外力による倒壊を防止するための措置を講じなければならない。

2　鉄骨造の建築物の建て方の仮締は、荷重及び外力に対して安全なものとしなければならない。

労働安全衛生法

（総括安全衛生管理者）

第 10条　事業者は、政令で定める規模の事業場ごとに、厚生労働省令で定めるところにより、総括安全衛生管理者を選任し、その者に安全管理者、衛生管理者または第 25条の 2第 2項の規定により技術的事項を管理する者の指揮をさせるとともに、次の業務を統括管理させなければならない。

一　労働者の危険または健康障害を防止するための措置に関すること。

二　労働者の安全または衛生のための教育の実施に関すること。

三　健康診断の実施その他健康の保持増進のための措置に関すること。

四　労働災害の原因の調査及び再発防止対策に関すること。

五　前各号に掲げるもののほか、労働災害を防止するため必要な業務で、厚生労働省令で定めるもの。

（元方事業者の講ずべき措置等）
第 29条　元方事業者は、関係請負人及び関係請負人の労働者が、当該仕事に関し、この法律またはこれに基づく命令の規定に違反しないよう必要な指導を行なわなければならない。

2　元方事業者は、関係請負人または関係請負人の労働者が、当該仕事に関し、この法律またはこれに基づく命令の規定に違反していると認めるときは、是正のため必要な指示を行なわなければならない。

第 29条の 2　建設業に属する事業の元方事業者は、土砂等が崩壊するおそれのある場所、機械等が転倒するおそれのある場所その他の厚生労働省令で定める場所において関係請負人の労働者が当該事業の仕事の作業を行うときは、当該関係請負人が講ずべき当該場所に係る危険を防止するための措置が適正に講ぜられるように、技術上の指導その他の必要な措置を講じなければならない。

（特定元方事業者等の講ずべき措置）
第 30 条　特定元方事業者は、その労働者及び関係請負人の労働者の作業が同一の場所において行われることによって生ずる労働災害を防止するため、協議組織の設置及び運営を行うこと、作業間の連絡及び調整を行うこと、作業場所を巡視すること、関係請負人が行う労働者の安全または衛生のための教育に対する指導及び援助を行うこと等に関する必要な措置を講じなければならない。

（安全衛生教育）

第 60条　事業者は、その事業場の業種が政令で定めるものに該当するときは、新たに職務につくこととなった職長その他の作業中の労働者を直接指導または監督する者（作業主任者を除く。）に対し、次の事項について、厚生労働省令で定めるところにより、安全または衛生のための教育を行なわなければならない。

一　作業方法の決定及び労働者の配置に関すること。

二　労働者に対する指導または監督の方法に関すること。

三　前二号に掲げるもののほか、労働災害を防止するため必要な事項で、厚生労働省令で定めるもの。

（健康診断）

第 66条

2　事業者は、有害な業務で、政令で定めるものに従事する労働者に対し、厚生労働省令で定めるところにより、医師による特別の項目についての健康診断を行なわなければならない。

スピード攻略！ 1級建築施工 集中レッスン

さ く い ん

数字・アルファベット

2液形ポリウレタンワニス……37
3ヒンジラーメン……28
AE減水剤……31、71
AE剤……31
CAV方式……48
FR鋼……33
Low-E複層ガラス……35
QC7つ道具……136
QC工程表……138
SN鋼……33
Sチャート……130、131
TMCP鋼……33
Uカットシール材充填工法……110
VAV方式……48
$\bar{X}-R$ 管理図……138
X 管理図……139

ア

アースドリル工法……25、61
アイソレータ……19
アクリル樹脂系非水分散形塗料……37
足場の設置届……126
アスファルトプライマー……38
アスファルト防水工事……86
アスファルト防水材料……38
アスファルトルーフィング……38
圧縮材……23
圧接作業……67
圧接端面……67
圧接継手に関する主な規定……67
圧接部のずれ……143
圧接部の偏心量……143
圧着継手……63
圧着張り……92
圧密試験……54、55
圧力水槽方式……50
アルカリ骨材反応対策……31
アルカリ総量……71
アルミニウム……32
アルミニウム製建具……101
泡消火設備……49
合わせガラス……34、35
アンカーピンニング部分エポキシ樹脂注入工法……111
安山岩……34
安全委員会等……175
安全衛生管理体制……174
安全衛生教育……176
安全衛生責任者……175
維持保全……162
石綿作業主任者の職務……149
一軸圧縮試験……55
一級建築士でなければできない設計・工事監理……160
移動式足場……151
移動式クレーン（つり上げ荷重0.5t以上）の安全管理……154
移動はしご……151
違反建築物に対する措置……162
イベント（結合点）……132
インシュレーションボード……43
ウィルトンカーペット……43
ウェルポイント工法……57
打重ね時間……73
受入検査……141
請負契約書面の主な記載内容……168
請負契約に係る諸規定……169
雨水桝……50
打込み・締固め……73
打込み工法……25、60
内ダイアフラム……22
打継ぎ……73
埋込み工法……25
ウレタンゴム系塗膜防水……89
ウレタンゴム系塗膜防水材……39
エアチャンバー……51
永久日影……12
液性限界・塑性限界試験……55
枝張り……45
エポキシ樹脂モルタル充填工法……111
エレベーターの管制運転……49
塩化ビニル樹脂系シート防水接着工法……89
塩化物量……71
円形マンホールの最小内径……51
演色性……14
エンドタブ……78
黄銅……32
オーガーボーリング……55
オールケーシング工法……25、61
屋上露出防水層への植栽……109
屋内消火栓設備……49
押出法ポリスチレンフォーム打込み工法……108
押出法ポリスチレンフォーム張付け工法……108
汚水桝……50
親杭横矢板水平切梁工法……59

カ

カーペットの保管……124
外観検査……143
開先の加工……78
改質アスファルトシート……38
改質アスファルトシート防水トーチ工法……87
回折……16
階段・踊場の寸法……164
外壁パネル工法……112
外壁パネル構法……113
外壁張り石工事……92
改良圧着張り……93
改良積上げ張り……93
確認申請……160
確認請求……52
花こう岩……34
荷重・外力……68
可照時間……12
架設通路……151
仮設の照明設備……117
仮設物……116
型板ガラス……35
片持ちスラブ先端等のフックの余長……65
かたより……134、135
型枠材料の許容応力度……68
型枠の加工・組立て……69
火熱に対する性質……31
壁のせっこうボード張り……106
釜場工法……57
ガラス……159
仮囲い……116
仮ボルトの締付け……80

加硫ゴム系シート防水接着工法……88
乾式工法……93
間接検査……141
間接水準測量……45
間接昼光率……15
間接費……128
完全溶込み溶接……79
寒中コンクリートの養生……75
ガントチャート……130、131
管トラップ……51
管理限界……135
管理図……137
完了検査・中間検査等……161
輝度……14
技能資格者……66
基本（全体）工程表……131
脚立足場……151
吸音……17
給気口……11
休憩時間……172
凝灰岩……34
強化ガラス……35
強化せっこうボード……43
強度……31
強度率……146
局所排気装置の点検……156
居室……159
居室の換気……163
許容差……135
均斉度……15
金属製折板葺屋根工事……95
金属板葺屋根工事……94
杭基礎……25
クイックサンド……56
杭と杭の中心間隔……24
くさび緊結式足場……151
組立て溶接……78
クリティカルパス（CP）……133
グレア……14
クレーン……85
クレーンの落成検査……155
けい酸カルシウム板……43
傾斜計……59
傾斜ジブ式タワークレーン……85
軽量型支保梁……68、69
軽量鉄骨壁下地……97
軽量鉄骨天井下地……96
化粧目地詰め……93
欠陥……136
検査の定義……140
建設業の許可……166
建設工事計画届……115
建設工事に係る資材の再資源化等に関する法律……178
建設工事の記録……126
建設工事の見積期間……168
建設用リフト……84
建築……159
建築確認……161
建築工事届……115
建築設備……159
建築主……159
建築物……158
建築物除却届……115
現場打ち鉄筋コンクリート耐震壁の増設工事……83
現場代理人……52、169
コインシデンス効果……16
工期と費用の一般的な関係……128
公共建築数量積算基準……53
公共工事標準請負契約約款……52
公差……135
鋼材の種類……32、33
鋼材の熱処理……33
工事現場に置く技術者……170
工事現場における材料の保管……124
工事材料の検査……52
工事施工者……159
硬質ウレタンフォーム吹付け工法……108、109
公衆災害防止対策……147
工事用給排水設備……117
工事用ゲート……116
工事用電気設備……117
鋼製軽量建具に使用する鋼板の厚さ……101
合成高分子系ルーフィングシート防水……88
合成樹脂エマルションペイント……37
合成樹脂調合ペイント……37
合成樹脂塗床……105
鋼製建具……100
構造用せっこうボード……43
光束……14
高置水槽方式……50
工程（プロセス）管理……135
工程間隔期間……102
工程表……131
光度……14
構内アスファルト舗装……44
孔内水平載荷試験……55
購入検査……141
合板……18
顧客満足……136
誤差……135
固体音……16
固定荷重……26
小はぜの折返し幅……94
ゴムアスファルト系塗膜防水……89
ゴムアスファルト系塗膜防水材……39
ゴム床タイル……42
コルク床タイル……42
コンクリート強度試験の供試体……142
コンクリート工事における許容差……139
コンクリートに含まれる塩化物……70
コンクリートの圧送……72
コンクリートの試験・検査……142
コンクリートの荷卸し時の温度……72
ゴンドラを使用する作業の安全管理……155
コンポジションビニル床タイル……42
混用接合……80
混和材料……31

サ

細骨材率……71
再資源化……178
最早開始時刻（EST）……132
最早終了時刻（EFT）……132
最遅開始時刻（LST）……132
最遅終了時刻（LFT）……132
材料の取扱い……125
逆打ち工法……119
砂岩……34
作業主任者の主な職務……149
作業主任者の選任……148
作業床……150
座屈……22
サッシの性能項目……40、41
錆止め塗料塗り……103

残響時間……16
産業廃棄物……178
三軸圧縮試験……55
酸素欠乏危険作業の安全管理……157
散布図……137
仕上工事における試験・検査……144
シージングせっこうボード……43
シーリング材の種類……39
シーリング材の分類……39
シーリングの選定……90
シール工法……110
シールコート……45
敷地……159
事業者の講ずべき措置……152
地震力……27
止水工法……57
自然換気の換気量……11
自然換気方式……10
下地の入隅・出隅の形状……87
湿式工法……92
湿潤養生……74
湿地ブルドーザー……84
室内環境基準……10
地盤の液状化……25
磁粉探傷試験……141
車両系建設機械の作業……152
就業制限……177
集成材……18
重大災害……146
充填継手……63
樹高……45
樹脂注入工法……110
樹脂モルタル工法……105
受注者の催告によらない解除権……53
主要構造部……158、159
巡回検査……141
消火方法……48
昇降機……163
昇降設備等……151
昇降設備に関する規定……49
常時微動測定……55
照度……14
消防法……183
心木なし瓦棒葺……94
真ちゅう……32
振動規制法……181
浸透探傷試験……141
真の値……135
水硬性……30
水道直結増圧方式……50
水道直結直圧方式……50
水平切梁工法……59
水和熱……31
ステンレス鋼……32
ストレッチルーフィング……38
ストレッチルーフィングの増張り……86
スライド方式……112
スランプ……71
青銅……32
せき板の最小存置期間……75
積載荷重……26
積雪荷重……27
施工温度……103
施工の停止命令……162
施工品質管理表……138
是正処置……136
石灰岩……34
設計図書……52、159
設計用全天空照度……15
接合……23
せっこう系接着材による直張り工法……107
せっこうプラスター……36
せっこうボード……42
接着材の盛上げ高さ……106
折板……41
セメントの種類……30
セメントミルク工法……25、60
セメントモルタル……36
セラミックタイルの種類……35
セルフレベリング材……36
繊維板……18
全数検査……140
せん断補強筋……21
全天空照度……14
全天日射量……12
専任の主任技術者の配置……170
ソイルセメント柱列山留め壁……58
騒音規制法……180
総括安全衛生管理者……174
総合熱伝達率……13
送配電線からの最小離隔距離……85
層別……135
側圧・たわみ……69
素地ごしらえ……102
損害の負担……53

タ

ターンバックル付き筋かい……80
大規模の修繕……159
大規模の模様替……159
大断面集成材の許容誤差……82
タイトフレーム……41
大理石……34
タイルの裏あし……35
タイル張り工事における試験……145
宅地造成及び特定盛土等規制法……182
打撃工法……25
タックコート……44、45
建入れ直し……81
建方精度……81
建方の留意事項……81
縦壁ロッキング構法……113
建具枠のアンカー……100
縦張り工法……112
妥当性確認……136
玉掛け作業の安全管理……155
単位水量……71
単位セメント量……71
単管足場……150
単層ビニル床タイル……42
炭素鋼……33
ダンパー……19
単板積層材……18
端部ねじ継手……63
チェックシート……137
地階……159
チタン……33
中間検査……141
中間スチフナ……22
柱脚……23
中高年齢者等についての配慮……177
昼光率……14、15
中性帯……11
注入口付アンカーピンニングエポキシ樹脂注入タイル固定工法……111
超音波探傷試験……141
直接基礎……24
直接水準測量……45
直接昼光率……15
直接費……128
直達日射量……12
直交集成板……18

賃金・物価の変動に基づく請負代金額の変更……53
通気管……51
つや有合成樹脂エマルションペイント……37
つり足場の作業床……151
低圧屋内配線……46
ディープウェル工法……57
低降伏点鋼……33
定風量単一ダクト方式……48
ディペンデントフロート（DF）……133
適用の除外……160
鉄筋かご……61
鉄筋コンクリート造建築物の躯体改修工事……122
鉄筋コンクリート造建築物の躯体解体工事……123
鉄筋コンクリート造建築物の構造計画……20
鉄筋コンクリート造建築物の仕上改修工事……123
鉄筋コンクリート造建築物の耐震補強工事……123
鉄筋コンクリート造の外壁改修工事……110
鉄筋相互のあき……64
鉄筋の折り曲げ形状・寸法……65
鉄筋の加工寸法の許容差……64
鉄筋のガス圧接工事の試験・検査……143
鉄筋の定着……63
鉄筋の長さ方向の縮み量……67
鉄骨工事における許容差……139
鉄骨の曲げ加工……76
手直し……136
電圧の種別……46
電気検層……55
電気方式……47
天空日射量……12
店社安全衛生管理者……174
伝熱の性質……13
天然石の特徴……34
ドアセットの性能項目……41
銅……32
透過損失……17
統括安全衛生責任者……174、175
道路交通法……183
道路使用許可申請……115
道路占用許可申請……115
トータルフロート（TF）……133
土がわらの形状……40
特殊建築物……158
特性要因図……137
特定建設作業の規制に関する基準……181
特定専門工事の主任技術者……171
特定天井……96
特定元方事業者が労働災害防止のために講ずべき措置……153
特別教育……177
度数率……146
届出……163
塗膜防水……89
塗膜防水材料……39
トラス構造……22、23
トラップ……51
ドリフトピンの孔の径……82
トルシア形高力ボルトの締付け……77
トレーサビリティ……137
ドロマイトプラスター……36

ナ

内装改修工事における既存床仕上げ材の撤去……111
内装制限を受ける特殊建築物等……163
内壁コンクリート下地のセメントモルタル塗り……98
流しのべ工法……104
中掘り工法……60
中掘り根固め工法……25
生コン車の高さ……116
鉛……32
二重ダクト方式……48
日射量……12、13
日照……12
日照計画……13
日照時間……12
日照率……12
抜取検査……141、143
抜取検査の条件……140
抜取検査方式……135
根切り工事……57
ねじ節継手……63
熱線吸収板ガラス……35
熱線反射ガラス……35
熱損失係数……13
ネットワーク……131
熱放射……13
熱膨張係数……31
練混ぜ開始から打込み終了までの時間……72、73
年千人率……147
粘板岩……34
野縁の間隔……96
乗入れ構台の計画……54

ハ

バーチャート……131
パーティクルボード……18、43
パーライト……37
排煙窓の手動開放装置操作部分……101
排気口……11
廃棄物の処理及び清掃に関する法律……179
排水工事……51
排水桝……51
パイピング……56
鋼の高温特性……33
場所打ちコンクリート杭工法……25
柱材……23
柱のじん性確保……20
柱補強工事……83
バスダクト……47
パッケージユニット方式……48
ばらつき……135
梁材のたわみ……23
梁主筋の重ね継手……62
パレート図……137
盤ぶくれ……56
ヒービング……56
非常用の照明装置・進入口……165
ヒストグラム……137
ひずみ計……59
引張接着力試験……144、145
必要換気回数……11
必要換気量……10
比抵抗検層……55
ビニル床シート・ビニル床タイル張り……104
非破壊検査……141
比表面積……30
避雷設備に関する規定……47
避雷設備の設置……46

品質 … 137
品質が保証されていない材料 … 127
品質保証 … 137
品質マニュアル … 137
品質マネジメント … 137
ファンコイルユニット方式 … 48
風圧力 … 27
風化 … 31
フープ筋の継手 … 122
不活性ガス消火設備 … 49
複層ガラス … 34、35
複層仕上塗材 … 98
複層ビニル床タイル … 42
不確かさ … 135
普通ボルト用の孔あけ … 118
フックの余長 … 64
不適合 … 135
部分工程表 … 131
フライアッシュ … 31
プライマー … 88
プライムコート … 44、45
フラッターエコー … 16
フリーフロート（FF） … 133
ブレーン値 … 30
フロアダクト … 47
フローティング基礎 … 24
フロート … 132
フローリングシート … 43
フローリングブロック … 43
フローリングボード … 18
分別解体等 … 178
粉末消火設備 … 49
閉鎖型ヘッドのスプリンクラー消火設備 … 49
平板測量 … 45
壁体の熱貫流抵抗 … 13
壁面土圧計 … 59
ベンチマーク … 114、115
変風量単一ダクト方式 … 48
ポアソン比 … 31
ボイリング … 56
防火区画 … 164
防火認定壁紙の張替え … 111
報告 … 162
放射線透過試験 … 141
防水工事用アスファルト … 38
母集団の大きさ … 135
補助作業の業務 … 173
保有水平耐力計算 … 27
ポリマーセメントモルタル充填工法 … 111
ボルト孔の径 … 82
ポンプ直送方式 … 50

マ

マクロ試験 … 141
間仕切壁フットプレート構法 … 113
マスキング効果 … 17
マスク張り … 93
末端部にフックが必要なもの … 65
マネジメントシステム … 137
マンセル表色系 … 15
幹周 … 45
水セメント比 … 70
水噴霧消火設備 … 49
密着張り … 92、93
身分証明書の携帯 … 163
無彩色 … 14、15
無試験検査 … 141
無窓の居室等の主要構造部 … 163
目地寸法 … 91
目地・継目処理 … 107
メタルカーテンウォール工事 … 113、121
メチルセルロース … 37
免震構造 … 19
燃えしろ設計 … 19
木質系セメント板 … 19
木質系素地面の塗装工事 … 103
木質軸組構法 … 83
目標値 … 135
木毛セメント板 … 43
モザイクタイル張り … 93
モジュラス … 38
元請負人の義務 … 169
モルタルの調合 … 98

ヤ

焼入れ … 33
焼なまし … 33
焼ならし … 33
焼戻し … 33
屋根防水改修工事 … 109
ヤング係数 … 30、31
油圧式荷重計 … 59
有機溶剤業務の安全管理 … 156
有効性 … 137
有彩色 … 15
床スラブ … 21
床スラブ開口部の補強筋 … 65
養生温度 … 75
溶接施工上の留意事項 … 79
溶接部の表面割れ … 79
用途の変更等 … 163
溶融亜鉛めっき … 120
横壁アンカー（ボルト止め）構法 … 113
横張り工法 … 112
予防処置 … 136

ラ

ラーメン架構の曲げモーメント図 … 29
ラーメン構造 … 22、23
ライティングダクト … 47
ラウドネス … 17
落成検査の荷重試験 … 154
リチャージ工法 … 57
リノリウムシート … 43
リバース工法 … 25、61
粒度試験 … 55
隣棟間隔 … 12
レビュー … 137
レンジ … 135
廊下・避難階段・出入口 … 165
労働契約 … 172
労働災害 … 146
労働者 … 146
労働損失日数 … 147
ロッキング方式 … 112
ロット … 135
ロングスパン工事用エレベーター … 84

ワ

ワーキングジョイント … 90
枠組足場 … 151
枠組壁工法 … 19

各試験の出題法令基準日までの法令改正や本書に関する正誤等の最新情報は、下記のアドレスでご確認ください。

http://www.s-henshu.info/1kssr2312/

上記掲載以外の箇所で正誤についてお気づきの場合は、**書名・発行日・質問事項（該当ページ・行数・問題番号**などと**誤りだと思う理由）・氏名・連絡先**を明記のうえ、お問い合わせください。

・web からのお問い合わせ：上記アドレス内【正誤情報】へ
・郵便または FAX でのお問い合わせ：下記住所または FAX 番号へ
※電話でのお問い合わせはお受けできません。

［宛先］ コンデックス情報研究所
『スピード攻略！ 1級建築施工管理技術検定 集中レッスン』係
住所　　：〒 359-0042　所沢市並木 3-1-9
FAX 番号：04-2995-4362　（10:00 ～ 17:00　土日祝日を除く）

※本書の正誤以外に関するご質問にはお答えいたしかねます。また受験指導などは行っておりません。
※ご質問の受付期限は、各試験日の 10 日前必着といたします。
※回答日時の指定はできません。また、ご質問の内容によっては回答まで 10 日前後お時間をいただく場合があります。
あらかじめご了承ください。

■編著：コンデックス情報研究所
1990年6月設立。法律・福祉・技術・教育分野において、書籍の企画・執筆・編集、大学および通信教育機関との共同教材開発を行っている研究者･実務家･編集者のグループ。

スピード攻略! 1級建築施工管理技術検定 集中レッスン

2024年 2 月20日発行

編　著　コンデックス情《じょう》報《ほう》研《けん》究《きゅう》所《しょ》

発行者　深見公子

発行所　成美堂出版
〒162-8445　東京都新宿区新小川町1-7
電話(03)5206-8151　FAX(03)5206-8159

印　刷　広研印刷株式会社

ISBN978-4-415-23802-9
落丁･乱丁などの不良本はお取り替えします
定価はカバーに表示してあります